Jochen Bleicken
Die Römische Republik

Jochen Bleicken
Die Römische Republik

Oldenbourg Verlag München 2012

Bibliografische Information der Deutschen Nationalbibliothek

Die Deutsche Nationalbibliothek verzeichnet diese Publikation in der Deutschen Nationalbibliografie; detaillierte bibliografische Daten sind im Internet über <http://dnb.d-nb.de> abrufbar.

© 2012 Oldenbourg Wissenschaftsverlag GmbH, München
Rosenheimer Straße 145, D-81671 München
Internet: oldenbourg.de

Das Werk einschließlich aller Abbildungen ist urheberrechtlich geschützt. Jede Verwertung außerhalb der Grenzen des Urheberrechtsgesetzes ist ohne Zustimmung des Verlages unzulässig und strafbar. Dies gilt insbesondere für Vervielfältigungen, Übersetzungen, Mikroverfilmungen und die Einspeicherung und Bearbeitung in elektronischen Systemen.

Satz: le-tex publishing services GmbH, Leipzig
Druck und Bindung: Grafik+Druck GmbH, München

Umschlagbild: Zerstörung Karthagos 146 v. Chr., aus: Bilder-Gallerie zur allgemeinen Weltgeschichte von Carl von Rotteck, Karlsruhe u. Freiburg 1842. © akg-images

ISBN 978-3-486-71305-3
eISBN 978-3-486-71520-0

Inhalt

Italien im frühen 1. Jahrtausend v. Chr. — 7
Landschaft und Klima — 7
Die Völker Italiens — 8

Etrusker und Griechen — 13
Die Etrusker — 13
Die Griechen — 19

Die römische Frühzeit — 23
Die Gründung Roms — 23
Die Königszeit — 26

Die Republik und ihre Außenwelt bis 338 v. Chr. — 29
Die Begründung der Republik — 29
Die äußere Lage Roms zwischen ca. 500 und 338 v. Chr. — 31
Die Zeit der Ständekämpfe — 35

Staat und Gesellschaft nach dem Ausgleich der Stände — 45

Der Kampf um Italien — 49
Die Unterwerfung Mittelitaliens (Samnitenkriege) — 49
Der Krieg gegen den König Pyrrhos — 53
Das römische Bundesgenossensystem in Italien — 57

Der Aufstieg Roms zur Weltherrschaft — 61
Der Kampf mit Karthago (264–201 v. Chr.) — 61
Rom und der griechische Osten (200–168 v. Chr.) — 70
Die Krise der Herrschaft in der Mitte des 2. Jahrhunderts — 77
Die innenpolitische Entwicklung zwischen 264 und 133 v. Chr. — 82

Ursachen und Beginn der inneren Krise seit den Gracchen — 87
Die Krise der politischen Führung (die Gracchen) — 87
Die Krise der Herrschaftsorganisation (Marius; die Italiker) — 93
Die Restauration unter Sulla — 100

Die Auflösung der Republik 105
Der Aufstieg des Pompeius und die Aushöhlung
    der sullanischen Ordnung 105
Das Erste Triumvirat und die Rivalität zwischen Pompeius
    und Caesar 111

Die Aufrichtung der Monarchie 119
Die Alleinherrschaft Caesars 119
Das Zweite Triumvirat 123

Italien im frühen 1. Jahrtausend v. Chr.

Landschaft und Klima

Italien als geographischer Begriff umfasste bei den Römern in der Zeit der Republik nur den Schaft der Apenninen-Halbinsel, im Norden begrenzt von einer Linie, die etwa durch die Städte Ariminum (Rimini) und Pisae (Pisa) gegeben ist. Die oberitalienische Tiefebene wurde erst seit der frühen Kaiserzeit, die beiden Inseln Sizilien und Sardinien in römischer Zeit Italien überhaupt nicht zugerechnet. Der Name geht auf einen süditalischen Stamm zurück, der sich ‚Jungstierleute (*Itali*, von *vitulus*, das Rind) nannte, und Griechen waren es, die Süditalien nach ihnen als den wahrscheinlich ersten Landesbewohnern, mit denen sie bekannt wurden, benannt haben. Von ihnen übernahmen die anderen Bewohner der Halbinsel das Wort.

Italien ist ein landschaftlich stark gegliedertes Gebiet. Große und kleine Ebenen wechseln mit massiven Gebirgszügen und hügeligem Land. Neben der weiten oberitalienischen Tiefebene sind die latinische und die kampanische sowie die südostitalienische, sich vom Monte Gargano bis zur äußersten Ferse der Halbinsel erstreckende apulische Ebene große zusammenhängende Landstriche, die lediglich durch Flüsse (Po, Tiber, Volturno, Ofanto) mehr oder weniger deutlich unterteilt werden. Auch das sich von Norden nach Süden durch die Halbinsel erstreckende Gebirgsmassiv, das Apenninen-Gebirge, lässt viele kleine und auch größere, meist in nord-südlicher Richtung verlaufende Ebenen frei. Etrurien, die heutige Toscana, ist demgegenüber eine typische Landschaft für den Wechsel von hügeligem oder gar bergigem Land mit z. T. auch breiteren Ebenen.

Bei der Betrachtung der alten Geographie Italiens hat man zu beachten, dass das Landschaftsbild in manchen Gegenden beträchtlich anders ausgesehen hat, als es sich dem heutigen Bewohner darbietet. Vor allem Süditalien, doch auch Sizilien, heute weitgehend waldlose, verkarstete Landstriche, haben wir uns in der Antike, zumindest in republikanischer Zeit, noch dichter bewaldet vorzustellen; da der Wald den Boden und die Feuchtigkeit festhält, waren die Landschaften gebietsweise sehr fruchtbar. Auch bot der Wald selbst Erwerbsmöglichkeiten. Im Bruttierland (heute Kalabrien) z. B. erstreckte sich vom Westmeer bis zum Golf von Tarent ein riesiger, beinahe undurchdringlicher Bergwald, der

Sila-Wald, aus dem Holz, Pech, Honig und anderes gewonnen wurden. Für das allmähliche Verschwinden des Waldes werden verschiedene Ursachen genannt. Vor allem trat der Wald durch die Urbarmachung von Boden zurück. Eine nicht unwesentliche Ursache der Verkarstung dürfte auch die Verwendung des Holzes als Bau- und Schiffsholz sowie als Heizmaterial – zum Wärmen (in aller Regel mittels Holzkohle), zur Verhüttung von Metallen, zum Brennen von Keramik – gewesen sein. Auch die Ziegenwirtschaft wirkte sich, wie noch heute, auf die Dauer gesehen auf die Erhaltung und den Nachwuchs von Bäumen ungünstig aus; denn die frei umherlaufenden Tiere nähren sich gern von jungen Bäumen, aber auch von der Rinde älterer Bäume. Da Ziegenmilch und Ziegenkäse ein Volksnahrungsmittel waren, wirkte sich dieser Umstand auf den Baumbestand verheerend aus. – Schließlich hat man sich zu vergegenwärtigen, dass auch die Küstenlinie nicht überall so verlief wie heute, und dies nicht nur an Flussmündungen, an denen der von den Flüssen mitgeführte Schlamm das Land in das Meer vorgeschoben hat (Mündungsgebiet des Po, Arno, Tiber). Auch an anderen Stellen veränderte sich die Küste, und zwar hier in aller Regel durch Landverlust. Der Reisende sieht es daran, dass viele römische Häuser, Villen und Hafenanlagen, so etwa in Puteoli (heute: Pozzuoli), im Wasser liegen. Der Meeresspiegel ist danach gegenüber der römischen Zeit etwas angestiegen. Manche nehmen ein Abschmelzen der Polkappen als Ursache an, das wiederum die Folge einer gegenüber der Zeit vor Christi Geburt stärkeren Erwärmung sei. Andere wollen eher eine Senkung des Landes für das Steigen des Wasserspiegels verantwortlich machen. Was immer die Ursache gewesen sein mag, sie muss auch für das östliche Mittelmeer oder doch Teile desselben gelten, weil wir entsprechende Beobachtungen auch im griechisch-ägäischen Raum machen können.

Die Völker Italiens

Entsprechend der geographischen Vielfalt sind die in Italien lebenden Völkerschaften außergewöhnlich verschiedenartig. In der hohen Republik, etwa um 300 v. Chr., leben neben alteingesessenen Völkern solche, die vor längerer oder kürzerer Zeit nach Italien einwanderten. Die Po-Ebene halten in dieser Zeit keltische Stämme besetzt. In den sich südlich anschließenden bergigen Landschaften des Apennin sitzen bis hinunter nach Süditalien italische Stämme. Sie gliedern sich wieder in zahlreiche

Untereinheiten, von denen man die nördlicher wohnenden in der Gruppe der Umbro-Sabeller zusammenfasst – zu ihnen gehören die Umbrer, Sabiner, Äquer und Marser –, die südlicheren als Osker bezeichnet; zu letzteren zählen u. a. die Samniten, die wiederum in Unterstämme unterteilt sind. Im westlichen Mittelitalien, im unteren Tiberbogen und in der Ebene zwischen dem unteren Tiber und dem Albanermassiv, siedelt die kleine Gruppe der Latino-Falisker, die mit den Italikern verwandt ist, sich jedoch in kultureller Hinsicht und in der Sprache von jenen nicht unerheblich abhebt. In den Tiefebenen des Nord- und Südostens leben im Vergleich zu den bisher genannten wieder Völker anderer Herkunft, Sprache und Gesittung, nämlich die Veneter in der nach ihnen später so benannten Landschaft (Venetien), und in den apulischen Ebenen eine ganze Reihe verschiedener Stämme, nämlich (von Norden nach Süden) die Daunier, Peuketier, Messapier und Salentiner. Sie alle sind mit anderen indogermanischen Stämmen Italiens bzw. des westlichen Balkans verwandt. In der Toscana leben ferner die Etrusker, die, anders als die bisher genannten Völkerschaften, in Städten siedeln. In Städten leben auch die Griechen an den Küsten Süditaliens und Siziliens. In dem bergigen Land nördlich des heutigen Genua schließlich sitzt das alteingesessene Volk der Ligurer; zur Urbevölkerung zählt ferner das im Zentrum Siziliens lebende Volk der Sikaner.

Die Gruppierung dieser Stämme und Städte auf der Apenninen-Halbinsel ist das Ergebnis vieler, teils lang andauernder Unruhen, deren Anfänge in vorhistorischer Zeit liegen und deren Schlusspunkt der Einfall der Kelten nach Italien am Ende des 5. und Anfang des 4. Jahrhunderts war. Diese Wanderungen sind nicht immer als ein brutales Vorwärtsdrängen zu begreifen, durch das die einheimischen Völker vertrieben oder vernichtet wurden. Bei dem Kelteneinfall hat es sich im allgemeinen zwar so verhalten; doch meist sickerten die neuen Völker allmählich ein, prägten die alteingesessene Bevölkerung und wurden ihrerseits wiederum von ihr beeinflusst. In diesem Vorgang des wechselseitigen Gebens und Nehmens, der selbstverständlich auch von gewaltsamen Umbrüchen begleitet sein konnte, wandelten sich die einwandernden Gruppen und bildeten sich neu. Es kam auch vor, dass nur die Formen, Lebensgewohnheiten und Gebrauchsgüter, was wir heute auch als materielle Kultur bezeichnen, übernommen wurden. Bei der Interpretation des archäologischen Materials vermag man oft schwer zu sagen, ob es sich bei Veränderungen um Wanderungen handelt oder nur um Kultureinflüsse. Ebenso ist die Entscheidung darüber schwer, bisweilen unmöglich, welche der später uns bekannten Völker mit diesem oder jenem archäologischen Substrat verbunden werden können.

Mit einiger Sicherheit vermögen wir zu sagen, dass die Ligurer eine sehr alte Bevölkerung darstellen, wohl die älteste unter den Völkern der Halbinsel. Aber schon die Frage, *wann* die ersten großen Wanderungsbewegungen einsetzten, insbesondere seit wann aus dem Norden oder Osten indogermanische Bevölkerungsteile nach Italien strömten, ist schwierig und wird unterschiedlich beantwortet. Eine Zeitlang glaubte man, in einer Kultur der nördlich des Apenninen-Gebirges liegenden Emilia, der Terramare-Kultur (von terra marna, was im Dialekt der Emilia „dunkle, fette Erde' heißt; sie hat sich aus der Zersetzung der hier in Frage stehenden Siedlungen gebildet), einen ersten Wanderungsschub zu erkennen; das lag um so näher, als diese etwa von 1600 bis 1200 v. Chr. anzusetzende Kultur dann die Parallele zum ersten Einwanderungsschub der Griechen im Osten gewesen wäre. Aber bei den unbestrittenen Bezügen dieser Kultur zum nordalpinen Raum dürfte es sich eher um Beeinflussungen als um Auswirkungen von Wanderungen handeln. Im Zusammenhang der Ausbreitung der nordalpinen Urnenfelderkultur hingegen sind in den ersten Jahrhunderten des 1. Jahrtausends dann tatsächlich in mehreren Wellen fremde Völker nach Italien gekommen, die, aus dem mitteleuropäischen Raum stammend, den Indogermanen zuzurechnen sind. Zu ihnen gehören die Latino-Falisker im Mündungsgebiet des Tiber, die einen verhältnismäßig frühen Schub darstellen, und die vielen italischen Stämme in den Apenninen, die sich allmählich bilden und gliedern, sowie die kleineren Gruppen im Nordosten und Südosten; letztere stehen, so selbständig sie uns in den Quellen begegnen, doch anderen Stämmen Italiens verwandtschaftlich recht nahe.

Eine Sonderstellung nehmen unter den Völkerschaften Italiens die Griechen und Etrusker ein, denn sie sind die einzigen, die in Städten siedeln, und sie stehen auf einem höheren Kulturniveau als ihre Nachbarn. Die Griechen kommen seit der Mitte des 8. Jahrhunderts und besetzen den größten Teil der Küsten Süditaliens und Siziliens. Die Etrusker sind ebenfalls seit dem 8. Jahrhundert nachweisbar. Doch liegt über ihrer Herkunft ein Dunkel. Der früher vorherrschenden Meinung, sie seien aus dem Osten eingewandert, steht die heute weit verbreitete Lehre von ihrer autochthonen Herkunft gegenüber. Die Beantwortung der Frage hängt nach dem heutigen Forschungsstand vor allem von der Archäologie, in erster Linie von der Interpretation der in der Emilia und in der Toscana zwischen Arno und Tiber seit dem frühen 1. Jahrtausend, besonders im 9. bis 6. Jahrhundert nachweisbaren Villanova-Kultur ab, die für die Etrusker, aber auch für die Italiker beansprucht wird. – Der letzte Einwanderungsschub bestand aus keltischen Stämmen, die um die Wende vom 5. zum 4. Jahrhundert die Ebenen beiderseits des Pos besetzten.

Noch ein Wort zu dem Weg, den die einwandernden Stämme nahmen. Die Griechen kamen natürlich über See, ebenso die Etrusker, wenn sie ein einwanderndes Volk gewesen sind, und auch die meisten der im Südosten der Halbinsel sitzenden Einwanderer sind über das Adriatische Meer nach Italien gelangt, wobei sie eine kleine Inselgruppe östlich des Monte Gargano als Stützpunkt benutzt haben dürften. Die auf dem Landwege gekommenen Gruppen sind zum größten Teil über den Pass des Birnbaumer Waldes in Istrien im Gebiet der Julischen Alpen gezogen; er ist der niedrigste Pass der Alpen (520 m), wie selbstverständlich schon die antiken Geographen wussten. Der Brenner jedenfalls war damals ein unwegsamer, nur wenig benutzter Pass. Die Kelten kamen zum großen Teil über Pässe der nördlichen und westlichen Alpen sowie auf der ligurischen Küstenstraße ins Land.

Etrusker und Griechen

Die Etrusker

Die Etrusker bewohnten den Landstrich zwischen Arno und Tiber und, in ostwestlicher Richtung, zwischen dem Apenninen-Massiv und der Küste. Sie siedelten in Städten, und die Stadt bildete auch die Grundlage ihrer politischen Organisation. Als typische Vertreter einer Stadtkultur unterscheiden sie sich erheblich von ihren italischen Umwohnern; doch verbindet diese ihre Eigenart sie mit den seit dem 8. Jahrhundert an den italischen und sizilischen Küsten siedelnden Griechen, von deren Kultur sie auch sonst abhängig sind. Die Griechen nannten die Etrusker Tyrsener bzw. Tyrrhener, wonach das vor der Küste der Etrusker liegende Meer noch heute heißt, die Römer *Tusci* (was der heutigen Landschaft Toscana den Namen gab) und deren Siedlungsgebiet *Etruria* (in der späten Kaiserzeit auch *Tuscia*). Die Etrusker selbst bezeichneten sich als Rasenna (Dionys von Halikarnassos 1, 30, 3).

Die Etrusker gaben und geben der Forschung große Rätsel auf. Das Geheimnisvolle, das sie umgibt, hat der an sich schon außergewöhnlich interessanten und reizvollen etruskischen Kultur zusätzlich große Ausstrahlungskraft gesichert, die in der zweiten Hälfte des 20. Jahrhunderts nicht nachgelassen hat. Die stärkste Quelle des stets wachen Interesses sind die spezifisch etruskischen Ausdrucksformen der uns überlieferten Denkmäler. Die etruskische Kunst ist in ihrem Formenschatz, ihren Stilmitteln und Motiven völlig abhängig von den Griechen: Die Etrusker haben aus den Städten des griechischen Mutterlandes und aus den Kolonien im Westen sehr viel importiert; ein großer Teil der griechischen Kunstgegenstände, insbesondere Vasen, die wir heute in unseren Museen aufbewahren, entstammen etruskischen Gräbern. Doch wurden, unter Verwendung der griechischen Vorbilder, auch im Lande selbst Vasen und Sarkophage, Bronzewaren der verschiedensten Art (Spiegel, Kandelaber, Becken, Zisten usw.), Schmuckgegenstände und vieles andere hergestellt, Häuser und Gräber ausgemalt und prächtige Bauten errichtet. Aber all das, was im Lande selbst hergestellt wurde, war nicht billige Imitation, sondern zeugt von einem etruskischen Formwillen, der seinesgleichen sucht. Die besondere Note der etruskischen Kunst liegt vor allem darin, dass sie vom Naturalismus weg zu einer expressiven Form der Darstellung, zu einer sehr bewegungsreichen, bisweilen scheinbar skurrilen Ausdrucksweise hinneigt, die aber immer die besondere Eigentümlichkeit des Darzustellenden in einer oft vollendeten Form zu enthüllen weiß. Uns mutet dieser Kunststil modern an; in der Antike nimmt er sich mitunter sehr eigenwillig, ja fremd aus, und es ist diese Eigentümlichkeit, welche die Etrusker so geheimnisvoll und anziehend zugleich macht.

Die im westlichen Mittelmeer unbekannte städtische Siedlungsweise und die Eigenwilligkeit der Ausdrucksformen geben der auch heute noch offenen Frage nach der Herkunft des Volkes erhöhtes Gewicht. Woher kamen die Etrusker? Manche Besonderheiten, wie die städtische Siedlungsform, gewisse Ausdrucksmittel, auch religiöse Einrichtungen und sogar manche Sprachformen schienen in den Osten zu verweisen. Viele Forscher nahmen daher den ägäischen Raum, speziell die kleinasiatische Küste als Ursprungsgebiet an; schon Herodot kannte die Einwanderungstheorie: Er hielt die Etrusker für Auswanderer aus Lydien im mittleren Westkleinasien. Heute ist eine große Anzahl von Gelehrten eher der Ansicht, dass die Etrusker Autochthone gewesen sind, die durch gewisse kulturelle Einflüsse aktiviert und zur Ausbildung einer besonderen Kultur geführt wurden. Nicht wenige denken daran, sie mit den Trägern der Villanova-Kultur zu identifizieren, deren Siedlungsraum die Etrusker später in der Tat zu einem großen Teil innehaben. Es gibt auch vermittelnde Meinungen, nach denen zahlenmäßig kleinere Einwanderungsschübe sich über die alteingesessene Bevölkerung gelegt, an den meisten Orten eine Oberschicht gebildet und aus mitgebrachten und einheimischen Elementen ein eigenes Kultursubstrat hervorgebracht hätten. Eine klare Entscheidung ist heute kaum möglich. Auf jeden Fall hat die Theorie von der Einwanderung nicht als völlig widerlegt zu gelten, wenn sie auch durch die neueren Überlegungen viel von ihrer Verbindlichkeit verloren hat.

Von der etruskischen Geschichte wissen wir nicht viel. Mit Sicherheit können wir sagen, dass die Etrusker zu keiner Zeit eine geschlossene politische Gemeinschaft gebildet haben. Jede Stadt war eine unabhängige politische Einheit, und das äußere Leben war von der Rivalität der Städte untereinander bestimmt. Es gab allerdings ein religiöses Zentrum beim Hain der Voltumna *(ad fanum Voltumnae),* in der Nähe des alten Volsinii gelegen (erst jüngst hat man entdeckt, dass es mit Orvieto identisch ist), wo man sich alljährlich im Frühjahr zum Markt und zu festlichen Spielen versammelte. Es gab auch einen Zwölf-Städtebund (die Zahl zwölf ist eine stereotype Zahl, die nichts über die wirkliche Anzahl der Mitglieder aussagt), und wir kennen einen gemeinetrurischen Beamten *(praetor*

Etruriae). Was immer diese Organisationsformen bedeutet haben mögen, sie hatten im politischen Leben der Etrusker wenig Gewicht.

Das innerstädtische Leben war in älterer Zeit monarchisch ausgerichtet; der Stadtherr hieß, in lateinischer Umschrift, meist *lucumo*. Auch schon in dieser Zeit gab es eine starke Schicht adliger Herren, die gegen Ende des 6. und im 5. Jahrhundert das Regiment fast überall ganz an sich gerissen hat. Über die äußeren Formen dieser Herrschaft wissen wir aus Darstellungen und durch Rückschlüsse aus römischen Institutionen eine ganze Menge; so kennen wir u. a. die Herrschaftsinsignien (z. B. Goldkranz; Axt mit Rutenbündel), die Amtsdiener, die Kleidung und den Amtssessel, wissen aber so gut wie nichts von den Aufgaben der einzelnen Beamten. Die Masse der Bevölkerung stand in einem der Sklaverei ähnlichen Abhängigkeitsverhältnis, doch gehörte wahrscheinlich nur eine Minderheit zu den Sklaven im eigentlichen Sinne; die sozialen Abstufungen scheinen vielfältig gewesen zu sein. Es hat in den Städten auch nicht an starken sozialen Spannungen gemangelt, die sogar zu Revolten führen konnten. Zu einer Demokratisierung des politischen Lebens, wie jedenfalls zeitweise in vielen griechischen Städten, scheint es jedoch nirgends gekommen zu sein.

Im Vergleich mit den damaligen mediterranen Kulturen nimmt die etruskische Frau eine besondere, im Sozialprestige höhere Stellung ein. Sie hat Zutritt zu den großen öffentlichen Festen, nimmt auch am Bankett teil, und der Etrusker nennt sich nicht nur, wie etwa bei den Griechen und Römern, nach dem Vater, sondern auch, allerdings erst an zweiter Stelle, nach der Mutter; oft wird sogar nur der Muttername angegeben. Sowohl in der Antike wie noch in manchen modernen Darstellungen hat man die etruskische Frau wegen ihrer im Vergleich zu den anderen Völkern der Zeit besonderen Stellung der Sittenlosigkeit geziehen; doch ist das Urteil aus einer gegenüber der Frau anders gearteten Lebenseinstellung heraus gefällt, nach der sich solche Freizügigkeit nur eine Kurtisane erlauben durfte.

Manche Forscher nehmen an, dass die Etrusker von der Küste her ins Landesinnere vordrangen; diese Vorstellung setzt die Einwanderungstheorie voraus und teilt mit ihr den Grad der Verbindlichkeit. Die Archäologie und auch Hinweise antiker Historiker, welche die Frühgeschichte Roms behandelt haben, können hingegen manche sichere Daten über das Verhältnis der Städte untereinander liefern. Einige besonders mächtige Städte lagen unmittelbar nördlich von Rom und haben die römische Frühgeschichte bestimmt: Veji, Caere (heute: Cerveteri) mit seinem Hafen Pyrgi und Tarquinii (Tarquinia), dessen Hafen

Graviscae war. Zum Glück für Rom wurde die Macht der Städte durch deren Rivalität eingeschränkt. Andere wichtige Zentren etruskischen Lebens waren Vulci, Clusium (Chiusi), Velathri/Volaterrae (Volterra), ferner Vetulonia und Populonia, die gegenüber der erzreichen Insel Elba lagen (manche Forscher glauben, dass der Erzreichtum der Insel und der ihr gegenüberliegenden Küste die Etrusker überhaupt erst in diese Gegend gezogen hat; auch diese Ansicht setzt selbstverständlich die Einwanderungstheorie voraus). In jüngerer Zeit werden in Marzabotto im Rhenus-Tal, durch das die Hauptroute über das Apenninen-Gebirge nach Norden führte, besonders ergiebige Ausgrabungen vorgenommen; aber auch sonst gibt es jetzt zahlreiche Grabungen, die unsere Kenntnisse über die Kultur, das Verhältnis der Städte zueinander und über den politischen Wandel erweitern.

Im 6. Jahrhundert griffen die Etrusker weit nach Norden in die oberitalienische Tiefebene und nach Süden in die Ebenen von Latium und Kampanien aus. Der südliche Vorstoß lag zeitlich etwas früher; er begann bereits im 7. Jahrhundert, hatte seinen Höhepunkt in den folgenden hundert Jahren und währte bis in das 5. Jahrhundert hinein. Zahlreiche Städte wurden hier gegründet, unter ihnen Rom (etruskisch: Ruma), Praeneste (heute: Palestrina), Tusculum (Tivoli) in Latium und Capua, Nola, Nuceria (heute: Nocera), Pompeji, Herculaneum und viele andere in Kampanien. Hier im Süden stießen die Etrusker auf die von den Bergen in die Ebene hinabdrängenden Osker und auf Griechen, die in Kyme und auf Ischia ihre nördlichsten Bastionen hatten. Im Norden wurden die Etrusker seit der zweiten Hälfte des 6. Jahrhunderts aktiv, gründeten hier Städte, wie Mantua, die Geburtsstadt Vergils, und errichteten unter anderem auch Hafenstädte, wie Adria und Spina im Po-Delta. In Spina sind durch Ausgrabungen (seit 1922, dann erneut seit 1953) großartige Funde, vor allem griechische Importware, gemacht worden. Die Etrusker haben nicht die ganze Ebene besetzen können; Venetien blieb außerhalb ihres Einflussbereichs, und auch weite Strecken im Norden und Westen wurden teils gar nicht, teils nur von einzelnen etruskischen Scharen berührt, wie denn auch vielerorts die einheimische Bevölkerung mit und neben den Etruskern lebte. Alle Fernunternehmungen wurden von einzelnen Städten bzw. auch einzelnen Adligen, die Scharen von Auswanderern unter sich vereinten, nicht von einer gesamtetruskischen Gemeinschaft geplant und durchgeführt.

Stärker noch als in der militärischen Expansion war die Dynamik der Etrusker als Händler. Nach Ausweis der archäologischen Fundstatistik trieben die Etrusker im gesamten westlichen Mittelmeerraum Handel, an der südfranzösischen und ostspanischen Küste ebenso wie im tunesischen Gebiet und auf den Inseln. Sie waren gute Seefahrer und auch als Seeräuber berühmt und berüchtigt. Ihre natürlichen Konkurrenten waren hier die Griechen, die in diesen Jahrhunderten in den Westen drängten, die Küsten besetzten und auch vielerorts den Handel an sich zogen. Um die vor der etruskischen Küste liegende Insel Korsika kam es sogar zu einer schweren militärischen Auseinandersetzung: ca. 535 v. Chr. schlugen die Etrusker, unter ihnen die Einwohner von Caere, griechische Auswanderer aus dem kleinasiatischen Phokaia, das damals die Küsten des nördlichen Westmeeres besonders rege kolonisierte, in einer großen Seeschlacht vor Alalia (Aleria); die Phokäer mussten ihre gerade gegründete Kolonie Alalia aufgeben. Bei diesem Kampf wurden die Etrusker von den Karthagern tatkräftig unterstützt, die, ebenfalls unter dem Druck der griechischen Expansion, die zahlreichen phönikischen Handelsfaktoreien des Westens zu einem Großstaat zusammenfassten und, so gestärkt, den Griechen erfolgreich entgegenzutreten vermochten.

Die Etrusker versuchten, die Griechen aus Kampanien zu vertreiben. Nach langen Kämpfen erlitt aber eine große Flotte vor Kyme eine schwere Niederlage durch die Kymäer, welche die gerade über die Karthager siegreichen Syrakusaner zu Hilfe gerufen hatten (474 v. Chr.). Nach der Niederlage brach die Vorherrschaft der Etrusker in Kampanien und Latium allmählich zusammen; Osker aus den Bergen und die alteingesessene latinische Bevölkerung traten ihr Erbe an. Am Ende des 5. Jahrhunderts strömten schließlich keltische Scharen in die oberitalienische Tiefebene und vernichteten auch hier alle etruskischen Bastionen. Etliche keltische Scharen stürmten sogar weiter nach Süden und verheerten u. a. das etruskische Kerngebiet. Und wenn sie hier auch – anders als in Oberitalien – wieder abzogen, blieben doch viele etruskische Städte geschwächt zurück. Schon einige Jahre vor dem Keltensturm war Veji den Römern zum Opfer gefallen, welche die Stadt, die unter ihren Nachbarn die Hauptrivalin war, in einem Vernichtungskrieg auslöschten (ca. 396). In der Mitte des 4. Jahrhunderts wurden dann auch Caere und Tarquinii, die anderen beiden mächtigen etruskischen Nachbarn Roms, schwer geschlagen. Caere wurde sogar bald ganz in den römischen Staatsverband integriert; Tarquinii behielt noch einen Rest von Unabhängigkeit. In den Kriegen gegen die Samniten, insbesondere im 3. Samnitenkrieg (299/298–291), in dem zeitweise ganz Italien gegen Rom kämpfte, wurden schließlich alle etruskischen

Städte, soweit sie noch unabhängig waren, mehr oder weniger freiwillig in das römische Bundesgenossensystem eingegliedert. Nachdem schließlich das alte etruskische Zentrum Volsinii Veteres im Jahre 264, durch innere Spannungen zerrissen, von den Römern, welche die eine Partei zu Hilfe gerufen hatte, völlig zerstört und als Stadt aufgehoben worden war, konnte dies als ein allen sichtbares Zeichen für das Ende einer unabhängigen etruskischen Geschichte betrachtet werden.

Unter den italischen Religionen besitzt die etruskische eine Sonderstellung, dies weniger durch eine andersartige Religiosität als dadurch, dass sie die an sich ähnliche Grundlage – auch in ihr wurden die Kräfte der Natur als göttliche Erscheinungen gewertet – in manchen Bereichen extensiv ausformte, den so differenzierten und gegliederten religiösen Gegenstand formalisierte und alles zu einem komplexen Lehrgebäude zusammenfasste. Von den einzelnen Göttern haben die Römer und Griechen den höchsten Gott der Etrusker, er hieß Tin, dem Zeus bzw. Juppiter, die Göttin Uni der Hera bzw. Juno gleichgestellt. Über den Wirkungskreis der Götter wissen wir kaum etwas; ihre äußeren Formen, insbesondere die anthropomorphe Gestalt, viele Riten und auch der Tempelbau wurden bei aller eigenwilligen Ausgestaltung doch von den Griechen entlehnt. Anders als die Griechen besaßen die Etrusker einen ausgebildeten Jenseitsglauben. Das andere Leben stellten sie sich dem irdischen entsprechend vor. Wir wissen darüber manches aus den Malereien und Reliefs der Gräber; in der Zeit des Niedergangs entstand, als Reflex auf die dunkel verhangene Zukunft, das Bild des finsteren, von grausamen Dämonen bewachten Hades. – Von besonderem Eigenwillen zeugt die etruskische Lehre der Ausdeutung göttlicher Vorzeichen (Mantik). Sie hat das Ziel, den Willen der Götter zu erforschen und deren Zorn, der aus einem schlechten Vorzeichen erkannt wird, zu besänftigen und also das friedliche Verhältnis zu den göttlichen Kräften (*pax deorum*) zu erhalten bzw. wiederherzustellen. Die auch in anderen Naturreligionen, so im altorientalischen Raum und bei den Griechen und Römern, bekannte Zeichenlehre wurde von den Etruskern extrem durchgeformt und zu regelrechten Normenkatalogen (*disciplinae*) zusammengefasst. Im Zentrum standen dabei die Lehre von der Eingeweideschau (*haruspicina*), in der insbesondere die genaue Untersuchung der dem Opferrtier entnommenen Leber wichtig war, die Ausdeutung von Blitz und Donner (*ars fulguratoria*) und die Auslegung des Vogelflugs (*auspicium*), in der wiederum vor allem die Beobachtung von fressenden Hühnern Bedeutung besaß. Die etruskische Zeichenlehre haben die Römer übernommen.

Von den Griechen lernten die Etrusker auch die Schrift; sie übernahmen ein westgriechisches Alphabet, vielleicht aus Kyme, und passten es ihrer Sprache an. Wir können das Etruskische also lesen, aber trotz zahlreicher Inschriften nur in Ansätzen verstehen. Zu einem wirklichen Verständnis der Sprache werden wir schon deswegen kaum gelangen, weil die Inschriften sprachlich und inhaltlich wenig hergeben und unser Wissen durch sie darum selbst dann nur bedingt erweitert würde, wenn wir sie alle verstehen könnten. Es lässt sich hingegen bei dem Stand der heutigen Forschung mit einiger Bestimmtheit sagen, dass die etruskische Sprache mit keiner der damals in Italien benutzten Sprachen eng verwandt ist. Ihre Grundstruktur dürfte vorindogermanisch sein, doch besitzt sie nicht wenige indogermanische Bestandteile.

Die Griechen

Wanderung der Griechen in das westliche Mittelmeerbecken begann in der Mitte des 8. Jahrhunderts. Eine der frühesten Gründungen war Kyme (heute: Cuma) am nördlichen Gestade des Golfes von Neapel; die Stadt war zugleich der nördlichste Vorposten der Griechen in Italien und übte als solcher großen Einfluss auf die Osker, Latiner und Etrusker aus. Die Ursachen der Wanderung gehören in die griechische Geschichte und können hier daher außer acht gelassen werden. Nur so viel sei gesagt, dass es auf Grund der besonderen Verhältnisse, die zur Auswanderung aus den Mutterstädten veranlassten, keine zentral gesteuerte Auswanderungsbewegung gab. Auswanderungswillige fanden sich in großen Häfen, die sich im Laufe der Zeit als Ausgangsbasen eingebürgert hatten (Chalkis/Euböa, Eretria, Milet, Phokaia, Korinth, Megara), zusammen, schlossen sich einem Führer an, der meist ein Adliger war, und suchten sich eine neue Heimat. Die Grundlage der neuen Existenz in der Fremde war, den damaligen wirtschaftlichen Verhältnissen entsprechend, die Bauernwirtschaft, die neu gegründeten Städte folglich in erster Linie Ackerbaukolonien. Der Handel entwickelte sich erst sekundär, spielte dann aber für manche Städte, wie für Sybaris, Kroton und Syrakus, eine nicht geringe Rolle.

Im Westen fanden die Griechen zunächst kaum Widerstand. Die Etrusker standen im 8. Jahrhundert noch am Beginn ihres politischen und wirtschaftlichen Aufstiegs, und die zahlreichen phönikischen Handelsfaktoreien, die es an fast allen Küsten gab, waren mit Ausnahme ganz weniger (Gades am Atlantik, Utica und Karthago, letztere 814 von Utica aus gegründet) nur kleine Handelsplätze, die oft keine fest ausgeprägte, geschlossene Bürgerschaft und so gut wie kein Wehrpotential besaßen; sie waren wegen des Handels mit den Einheimischen gegründet worden, und der Frieden mit ihnen eine Bedingung ihrer Existenz. Da die alteingesessenen iberischen, kelto-iberischen, maurischen und italischen Stämme keine nennenswerten Erfahrungen mit der See hatten und ihre Hauptorte zudem im Binnenland lagen, war das westliche Mittelmeerbecken ein politisches Vakuum und also ein idealer Siedlungsraum für ein seefahrendes Volk wie die Griechen. In den 200 Jahren von der Mitte des 8. bis zur Mitte des 6. Jahrhunderts gründeten sie zahlreiche Städte an den Küsten besonders Siziliens und Unteritaliens, im 6. Jahrhundert auch an der südgallischen und ostspanischen Küste. Einige Städte, wie Syrakus, Gela, Akragas (Agrigento), Selinus (Selinunte) und Zankle/Messene (Messina) auf Sizilien, Rhegion (Reggio di Calabria), Kroton, Sybaris, Taras (Taranto) und das bereits genannte Kyme in Italien, ferner Massalia (Marseille) in Südgallien wuchsen zu großen und mächtigen Staaten heran, die eine bedeutende Rolle spielen sollten.

Die Etrusker konnten jedoch die Griechen von ihren Küsten fernhalten und sogar verhindern, dass die der etruskischen Küste gegenüberliegende Insel Korsika von ihnen besiedelt wurde. Schließlich schlossen sich die phönikischen Handelsniederlassungen unter Führung Karthagos zu einem Großreich zusammen, um den wachsenden Druck der Griechen abzuwehren. Das seit dem 6. Jahrhundert bereits fest gefügte karthagische Reich hat dann tatsächlich die Küste Nordwestafrikas und die meisten Plätze Südostspaniens von griechischen Niederlassungen frei halten können. Auch das westliche Sizilien wurde von ihnen behauptet, und die anhaltenden Versuche der Griechen, insbesondere des mächtigen Syrakus, die Karthager hier zurückzudrängen, machten aus der Insel einen beinahe ständigen Kampfplatz zwischen den rivalisierenden Mächten. Da viele griechische Städte des Westens von sich aus wieder Kolonien entsandten und der Strom von Auswanderern aus dem Mutterland kaum nachließ, begann schon bald der Kampf auch der Griechen untereinander um Land und Handelsraum.

Mit der Aufrichtung des karthagischen Reiches und dem Erstarken der Etrusker war es mit dem freien Ausdehnungsdrang der Griechen vorbei; man begann sich in den einmal erreichten Positionen einzurichten: Die Machtkonstellationen konsolidierten sich. Die Griechen hatten beinahe ausschließlich an den Küsten gesiedelt; abgesehen von der Inbesitznahme eines mäßigen Territoriums griffen sie in aller Regel (Ausnahme z. B. Sybaris) nicht in das Landesinnere aus. Die städtische Lebensform machte größere Herrschaftsgebilde unmöglich. Die Rivalitäten verhinderten auch die Bildung festgefügter Bündnissysteme der Griechen untereinander. Den Versuchen von Syrakus, auf Sizilien oder gar auch in Italien (unter Dionysios I., 405–367) ein größeres Machtgebilde zu errichten, war kein bleibender Erfolg beschieden.

Die römische Frühzeit

Die Gründung Roms

Die römische Überlieferung datiert die Gründung Roms auf die Mitte des 8. Jahrhunderts (nach einigem Schwanken wurde in augusteischer Zeit das von dem gelehrten Varro errechnete Jahr 753 v. Chr. kanonisch) und gliedert sie in den großen Zusammenhang der mythischen griechischen Vorzeit ein. Der Urvater der Römer war danach der Held Aeneas; dieser floh, seinen Vater Anchises auf den Schultern, aus dem brennenden Troja und nahm auf der Flucht auch heilige Gegenstände der Familie und der Stadt, darunter das magische Idol der Stadtgöttin Athena (Palladion) mit. Auf vielen Irrwegen, die ihn unter anderem nach Karthago zur Königin Dido und nach Sizilien führten, erreichte er endlich das ihm von den Göttern bestimmte Latium. Hier heiratete er die Tochter des einheimischen Königs Latinus, Lavinia, und festigte in einem gewaltigen, dem trojanischen Heldenepos nachgebildeten Kampf seine Macht in Latium. Er gründete Lavinium und wurde am Ende zu den Göttern entrückt, die erste Apotheose eines römischen Herrschers. Sein Sohn Julus (= Ascanius, Ilos) erbaute danach die neue Hauptstadt Alba Longa in Latium und wurde zum Stammvater einer langen Reihe von Königen dieser Stadt. Mit den beiden letzten Königen von Alba, Numitor und Amulius, beginnt die unmittelbare Vorgeschichte der Gründung Roms: Der böse Amulius verdrängte seinen Bruder aus der Herrschaft und bestimmte, um die Familie seines Bruders zum Aussterben zu verurteilen, dessen einzige Tochter Rea Silvia zum Dienst bei der Göttin Vesta, mit dem Keuschheit verbunden war. Das göttliche Schicksal aber war stärker als die listenreiche Absicht des Menschen: Rea Silvia nahte sich der Kriegsgott Mars; sie gebar ein Zwillingspaar, Romulus und Remus. Als die Sache aufgedeckt wurde, befahl Amulius, die Kinder auf dem Wasser auszusetzen; doch wurden sie an Land getrieben, von einer Wölfin genährt und schließlich von dem Hirten Faustulus aufgezogen. Die Grotte (*Lupercal*), an der die Zwillinge an Land gespült, und der sogenannte Ruminalische Feigenbaum (*ficus Ruminalis*), unter dem sie von der Wölfin gesäugt worden waren, wurden als Ort der mythischen Idylle später am Südwestabhang des palatinischen Hügels (mons Palatinus) gezeigt. Groß geworden, erfuhren sie auf wunderbare Weise von ihrer Herkunft, töteten Amulius, setzten ihren Großvater wieder in die Regierung ein und gründeten eine neue Stadt, nämlich Rom. Als nach einer formellen Befragung der Götter (*augurium*), wer von den Zwillingen über Rom herrschen solle, durch ein Vorzeichen Romulus als der künftige Herrscher bezeichnet worden war, verspottete der übergangene Remus die gerade errichtete Stadt und wurde im Streit darüber von seinem Bruder erschlagen. Darauf herrschte Romulus als erster König von Rom. – Der Mythos ist späte historiographische Konstruktion. Wahrscheinlich waren vor allem die Griechen an ihr beteiligt, welche die einflussreicher werdende Stadt in ihren historischen Horizont eingliedern wollten. Die Römer haben wohl erst in einem späteren Stadium, als sie griechische Bildung angenommen hatten und das Bedürfnis fühlten, ihre gewachsene Herrschaft auch gegenüber den Griechen zu legitimieren, die Erzählungen aufgenommen und an ihnen weitergearbeitet.

Die älteste Geschichte Roms erhellt sich uns heute vor allem aus den Bodenfunden. Danach gab es auf dem Palatin (die *Roma quadrata* der Überlieferung) und ebenso, wohl nicht viel später, auf dem Westabhang des Esquilin-Hügels früheisenzeitliche Siedlungen, die bis in das 10. und 9. Jahrhundert hinaufreichen. Im 8. Jahrhundert wird auch der Quirinalshügel besiedelt, ebenso die Niederungen, insbesondere das Forumstal; denn obwohl wir hier keine sehr frühen Siedlungsreste kennen, dürfen wir solche für diese Zeit nicht ausschließen. Dass die z. T. nur wenige hundert Meter voneinander liegenden Siedlungen getrennte Staatswesen gewesen seien, ist kaum anzunehmen. Den sakralen Mittelpunkt der verstreuten Siedlungen haben wir in dem steil aufragenden Kapitolshügel zu sehen, auf dem der Himmelsgott Juppiter, anfangs im Freien, verehrt worden ist. Die Bedeutung des hügeligen Gebietes, das später die Stadt Rom einnahm, ergab sich daraus, dass hier eine kleine Insel im Tiberbett einen verhältnismäßig bequemen Übergang über den Fluss sicherte; die Hauptroute aus dem etruskischen Gebiet nach Latium und weiter durch das Trerus-Tal nach Kampanien überquerte also hier den Tiber. Auch endete an dieser Stelle die Schiffbarkeit des Flusses.

Von wann an wir diese Streusiedlung an der Tiberfurt eine Stadt nennen dürfen, ist schwer zu sagen und hängt auch davon ab, was wir als Stadt bezeichnen wollen. Wenn wir die damals praktizierte Stadtform, nämlich die etruskische und griechische, zugrunde legen, haben wir vorauszusetzen, dass die Siedlung nicht nur ein durch eine Mauer fest begrenztes Wohn- und Wirtschaftszentrum, sondern auch der religiöse und politische Mittelpunkt der in der Gegend siedelnden Bevölkerung war. Die Archäologen nennen für den Vorgang der Stadtwerdung heute oft ein spätes Datum (um 600) oder treten für die stufenweise Ausbildung eines städtischen Gemeinwesens ein. Es wird aber auch noch vielfach die alte These von dem einmaligen Zusammenschluss (Synoikismos) der vorher politisch unabhängigen und ethnisch ungleichen (Latiner, Sabiner) Kleinsiedlungen auf dem Palatin und den Hügeln (*colles*) zu einer Großsiedlung (Stadt) vertreten. Durch ihn wäre Rom also in einem formellen Gründungsakt ins Leben getreten. Die These kann sich auf manche alten religiösen Einrichtungen der Römer stützen, die in nicht leicht zu erklärender doppelter Ausführung bestanden, und man beruft sich auch auf archäologische Daten.

Wie immer wir die Vorgeschichte Roms zu sehen haben: Das städtische Gemeinwesen, das wir in der ältesten politischen Geschichte Roms, der Königszeit, vor uns sehen, kann nicht ohne die Hilfe der Etrusker entstanden sein. Denn die städtische Siedlungsform finden wir seit dem 9./8. Jahrhundert unmittelbar nördlich von Rom, in Etrurien; die erste griechische Stadt hingegen lag Hunderte von Kilometern weiter südlich (Kyme am nördlichen Gestade des Golfs von Neapel). Etruskisch ist auch der Name Roma, der von einem etruskischen Geschlecht der Romulier abgeleitet ist; der mythische Stadtgründer Romulus ist also ein Romulius. Etruskisch sind ferner die Insignien des Herrschers, der Goldkranz, die goldbestickte Purpurtunika und der ebenso verzierte Purpurmantel, die Schnabelschuhe, das Rutenbündel mit dem Beil (*fasces*) und der Klappstuhl (*sella curulis*), ferner die Gehilfen der Amtsführung, die Liktoren, und die gesamte staatliche Vorzeichenschau, mit deren Hilfe der Wille der Götter erforscht wurde. Ebenso dürfte die formelle Abgrenzung des Stadtgebietes vom Landgebiet, die religiösmagischen Charakter besaß und durch das Ziehen einer heiligen Furche (*pomerium*) erfolgte, auf etruskischen Brauch zurückgehen; die heilige Stadtgrenze schloss übrigens das Kapitol und den Aventin-Hügel aus und ist nicht mit der Mauerlinie identisch. Befestigt waren damals nur der Palatin und das Kapitol; die große Tuffsteinmauer, die auf den König Servius Tullius zurückgeführt wurde, gehört erst in das frühe 4. Jahrhundert. Wir haben nach alldem mit an Sicherheit grenzender Wahrscheinlichkeit anzunehmen, dass die eigentliche Stadtgründung das Werk eines Etruskers war, der als Herrscher (lateinisch: *rex*) das neue politische Gebilde lenkte. Der Zeitpunkt der Stadtwerdung dürfte irgendwann im 7. Jahrhundert liegen. Zusammen mit dem etruskischen Stadtherrn haben sich zahlreiche etruskische Familienverbände in Rom niedergelassen, wie die moderne Namensforschung zeigen kann, und mit ihnen zog etruskische Lebensart in die junge Stadt ein und beherrschte damals und noch bis in eine ferne Zukunft hinein weite Bereiche des religiösen (etwa im Grabkult) und privaten Lebens. Auch das Alphabet übernahmen die Römer von den Etruskern, nicht etwa direkt von den Griechen. Die alteingesessene Bevölkerung latinischen Stammes ist durch die Etrusker gewiss nicht majorisiert, aber jedenfalls zunächst politisch bevormundet worden. Allerdings dürften schon von Anfang an innerhalb der gehobenen Schicht auch latinische Geschlechter großes Ansehen gehabt beziehungsweise behalten haben.

Die Königszeit

Für die Rekonstruktion der ältesten Verfassung der Stadt müssen wir uns auf eine sinngemäße Interpretation uns aus historischer Zeit bekannter staatlicher und religiöser Einrichtungen berufen, deren Anfänge noch bis in die frühe Zeit zurückverfolgt werden können. Dem König scheint danach von jeher ein Adelsrat zur Seite gestanden zu haben, der Senat (von *senex,* also Rat der Alten). Das noch später lebendige Institut des Zwischenkönigtums (*interregnum*), durch das beim Tode des höchsten Gewaltenträgers vom Senat bis zur Bestimmung des Nachfolgers „Zwischenkönige" (*interreges*) gewählt wurden, weist darauf hin, dass der Senat zumindest in der letzten Phase des Königtums an der Bestellung des nachfolgenden Königs beteiligt war. Der Einfluss der Vornehmen auf die Königsbestellung dürfte allerdings durch den dynastischen Gedanken eingeschränkt gewesen sein. – Die staatliche Macht im engeren Sinne war noch weitgehend auf die Kriegführung begrenzt, der König folglich vor allem Heerführer. Daneben vertrat er das Gemeinwesen gegenüber den Göttern und lenkte die Sitzungen des Senats und die Versammlungen der Bürger. Letztere traten, nach Sippenverbänden (*curiae*) geordnet (*comitia curiata*), zweimal im Jahr regelmäßig und darüber hinaus nach Bedarf zusammen, um insbesondere über Kriegserklärungen und etwaige Veränderungen in dem Bestand der dem Gemeinwesen angehörigen Familien bzw. Sippen, also über die Erweiterung der dem Staat angehörigen Personen zu beschließen. Die gentilizische Zusammensetzung der Volksversammlung, bei der das Votum der Familienvorsteher entschied, charakterisiert auch den Gesamtstaat: Das Schwergewicht in ihm lag bei den sozialen Verbänden, das heißt bei den Familien, den Geschlechtern/Sippen (*gentes*) und ihren Oberabteilungen, den Kurien (*curiae*). Bis auf politische

Straftaten und Mord ruhte die Entscheidung in straf- und privatrechtlichen Fragen, soweit sie damals menschlicher Macht als zugänglich erschienen, bei den Vorstehern dieser Verbände. Da das Recht weitgehend religiös gebunden und in Ritualen formalisiert war, wurde die Rechtsentscheidung jedoch nicht als eine ausschließlich oder auch nur vornehmlich von Menschen getragene Willenssetzung empfunden.

Das älteste Rom dürfen wir als den Zusammenschluss etruskischer und latinischer Familien zu gemeinsamer Verteidigung und gemeinsamem Beutezug auffassen. Ob die Sippe (*gens*) jemals ein in sich autonomer sozialer Verband gewesen ist, muss bezweifelt werden. In uns fassbarer Zeit ist jedenfalls bereits die kleinere personale Einheit, die Familie (*familia*), das Kernstück der sozialen Ordnung. An ihrer Spitze stand der „Familienvater" (*pater familias*), der eine formale Rechtsgewalt (*patria potestas*, „väterliche Gewalt") über alle Familienangehörigen besaß. Der bestimmende Entstehungsgrund der Gewalt und damit der Familie als der Grundeinheit des sozialen Lebens war die Verwandtschaft von des Vaters Seite (*per virilem sexum*; der einzelne Angehörige der Familie hieß *agnatus*). Im Erbrecht wurden z. B. nur die Angehörigen dieses Agnatenverbandes berücksichtigt; erst wenn kein agnatischer Erbe vorhanden war, kam auch die weitere Verwandtschaft (*cognati*) zum Zuge, für welche die Verwandtschaft von des Vaters und der Mutter Seite bestimmend war. Der *pater familias* hatte unbedingte, allerdings durch die geltenden Sittenvorstellungen eingeschränkte Gewalt über seine Frau, seine Kinder und die ihm anvertrauten Schutzangehörigen (*clientes,* von *cluere,* gehorchen). Ein großer Teil der Bauernschaft dürfte unter der Gewalt (*clientela*) der mächtigen Familienhäupter gestanden haben. Die *patres familias* und ihre Söhne haben wahrscheinlich den Patriziat, den Adel also, gebildet. Das ‚römische Volk' wäre dann als Clientel auf die Patrizier verteilt gewesen. Nach diesem idealtypischen Bild könnte es damals keine persönlich unabhängigen Römer (‚freie Bauern') gegeben haben, die nicht Patrizier waren. Die Beantwortung der Frage hängt mit der nach der Entstehung der *plebs* zusammen, die wir später als Gruppe den adligen Patriziern gegenüberstehen sehen. Waren die Plebejer Clienten oder freie Bauern? – Die Familien- und Sippenverbände bildeten größere gentilizische Einheiten, die bereits genannten Kurien. Neben ihnen gab es noch drei andere, *tribus* genannte Personenverbände, die etruskische Namen trugen (Tities, Ramnes, Luceres). Sie waren wahrscheinlich militärische Verbände; nach verbreiteter Ansicht soll es sich bei ihnen hingegen um gentilizische Großverbände gehandelt haben. – Es gab auch bereits schon früh eine regionale Einteilung des römischen Stadtgebietes, deren lokale Grundeinheiten ebenfalls *tribus* hießen; es waren dies die vier Tribus Suburana, Palatina, Esquilina und Collina.

Von der politischen Geschichte Roms während der Königszeit wissen wir wenig. Nach Ausweis der archäologischen Hinterlassenschaft, nach der damals feste Straßen und stattliche Häuser zu entstehen begannen, war Rom keine ganz unbedeutende Stadt. Die Fläche innerhalb des königzeitlichen Rom betrug ca. 822 qkm und die reine Fläche der Stadt (identisch mit den vier städtischen lokalen Tribus) 2,85 qkm; letztere war damit größer als das etruskische Veji und nahm immerhin gut die Hälfte der tarentinischen Stadtfläche ein. Rom hat daher gegenüber den anderen Städten in Latium ohne Zweifel einiges Gewicht besessen. – Die latinischen Städte in der westlichen Hälfte der heutigen Provinz Lazio entbehrten damals noch eines festen politischen Zusammenschlusses. Sie besaßen ein altes religiöses Zentrum auf dem aus der Ebene herausragenden Albanerberg, in dem Juppiter verehrt wurde (Juppiter Latiaris), und ein zeitlich später anzusetzendes gemeinsames Heiligtum am Nemi-See bei Aricia, das der Diana gewidmet war. Rom ist wohl kaum, wie die römische Tradition behauptet und ihr in der modernen Forschung vielfach nachgeredet wird, schon in dieser frühen Zeit der Führer eines politischen Latinerbundes gewesen. Eine solche Vorstellung dürfte vielmehr als der Reflex einer Geschichtsklitterung anzusehen sein, welche die spätere Machtstellung Roms bereits der frühen Zeit unterstellte.

Die Republik und ihre Außenwelt bis 338 v. Chr.

Die Begründung der Republik

„Republik" ist die moderne Wiedergabe des lateinischen *res publica*, „die öffentliche Angelegenheit", bezeichnet also zunächst nur den öffentlichen bzw. staatlichen Bereich im Gegensatz zum privaten. In Absetzung zur vorangegangenen Königsherrschaft, die in ihrer letzten Phase als Gewaltherrschaft (Tyrannis) bewusst war, sahen die Römer aber dann in der *res publica*, Republik also, die ihnen angemessene und ihnen eigene freiheitliche Verfassungsordnung (*res publica libera*), die durch den politischen Akt des Königssturzes, an dem alle Römer beteiligt gewesen waren, geschaffen worden war. Nach der Tradition beginnt daher die Republik mit der Vertreibung des letzten, tyrannischen Königs L. Tarquinius Superbus, an dessen Stelle künftig zwei jährlich wechselnde Konsuln treten; unter den ersten beiden Konsuln finden wir L. Junius Brutus, der an dem Befreiungswerk maßgeblichen Anteil gehabt haben soll. Dieses ideale Bild ist von der modernen Forschung vielfach korrigiert worden. Danach ging, entsprechend der damaligen Familien- und Sippenstruktur, die Beseitigung des Königtums von den Oberhäuptern der Geschlechter aus, also, nach unserer Terminologie, von einer aristokratischen Gesellschaft, die dann die gesamte republikanische Zeit hindurch der Inhaber der politischen Macht und damit Träger der Staatsidee geblieben ist. Freiheit bedeutet hier aristokratische Freiheit. Vielleicht ist das Königtum nicht in einem einzigen politischen Akt gestürzt, sondern allmählich entmachtet und schließlich, schon geschwächt, lediglich verdrängt worden. Wie wir bereits sahen, weist das Institut des Interregnums darauf hin, dass der Senat bei der Thronfolge in irgendeiner Weise beteiligt gewesen war. Auf jeden Fall wurde die Königsdynastie der Tarquinier aus Rom vertrieben. Nach der Überlieferung versuchte sie, unterstützt von dem etruskischen König von Clusium (Chiusi), Porsenna, zurückzukehren. Wenn an dem Bericht etwas Wahres sein sollte, ist der Versuch jedenfalls gescheitert. Die sakralen Befugnisse des Königs, insbesondere die heiligen Opfer an die Götter, die nach damaliger Vorstellung an den Königsnamen gebunden waren, wurden einem „Opferkönig" (*rex sacrorum*) genannten Priester übertragen. Den politischen Charakter der Vertreibung des letzten Königs als Beseitigung des Königtums erkennen wir deutlich noch daran, dass diesem Priester die Übernahme politischer Ämter untersagt wurde.

Die königliche Gewalt wurde künftig vom Senat einem Jahresmagistrat übertragen, der aus den Geschlechterhäuptern gewählt wurde. Das damit eingeführte Prinzip der Jährlichkeit des Amtes (Annuität) bedeutete, dass die politische Macht nunmehr kollektiv verwaltet werden sollte: Da die Oberhäupter der Familien und Sippen, welche die Politik bestimmten, ihre Macht nicht gemeinsam ausüben konnten, ging sie unter ihnen reihum. Die Republik bedeutete an ihrem Anfang nur dies; alle anderen, später als konstitutiv gedachten Bestandteile der Verfassung sind erst im Laufe der Zeit hinzugetreten. Auch der Gedanke der Kollegialität des höchsten Amtes (Konsulat) gehört nicht an den Anfang. Aus dem Sturz des Königtums ergab sich lediglich die Jahresmagistratur, die eine Art Jahreskönigtum war, aber wegen der Tabuisierung des Königstitels nicht mit dem *rex*-Begriff versehen wurde. Der Inhaber der Jahresmagistratur hieß zunächst wahrscheinlich „oberster Feldherr" (*praetor maximus*), was die Existenz von mindestens zwei weiteren Prätoren geringeren Rechts voraussetzt, vielleicht auch „Anführer des Volkes" (*magister populi*). Die Exekutive der politischen Macht nennen wir ‚Beamte'. Obwohl unser heutiger Beamter etwas wesentlich anderes ist, dürfen wir auch den Träger der ausübenden Gewalt in der römischen Republik – lateinisch *magistratus* – einen Beamten nennen; denn er hat mit dem unsrigen den Grundgedanken allen Beamtentums gemeinsam, dass seine Gewalt keine absolute, in ihm selbst liegende ist, sondern er sie auf Zeit von anderen – einem, einer Gruppe oder allen – übertragen erhalten hat, er darum an diese verwiesen und in seinen Aktionen an deren Willen gebunden ist.

Der Zeitpunkt des Beginns der Republik wird heute verschieden angegeben. Das Datum der Tradition, das Jahr 510/9, dürfte durch den Wunsch von römischen Historiographen zustande gekommen sein, eine zeitliche Parallele zur Vertreibung des athenischen Tyrannengeschlechts der Peisistratiden herzustellen. Doch halten sich alle, auch die extremsten Vorstellungen heute im Bereich der ersten Hälfte des 5. Jahrhunderts. Vielleicht steht die Beseitigung der etruskischen Dynastie der Tarquinier in irgendeinem Zusammenhang mit der allgemeinen Schwächung der etruskischen Städte in Kampanien und Latium nach der Niederlage gegen die Griechen bei Kyme im Jahre 474.

Die äußere Lage Roms zwischen ca. 500 und 338 v. Chr.

Über die äußere Lage Roms von der Vertreibung der Könige bis zum Beginn der Samnitenkriege wissen wir wenig. Unsere Überlieferung konnte sich auf so gut wie keine glaubhaften Quellen stützen und konstruierte daher für diese ca. 150 Jahre ein Bild, das von den Vorstellungen der späten Zeit getragen, vor allem von einer späten Legendenbildung beherrscht ist. Vielfach sind auch Ereignisse der zweiten Hälfte des 4. Jahrhunderts, die unsere frühesten vertrauenswürdigen Zeugnisse der römischen Tradition darstellen, in die ältere Zeit versetzt worden; da das betreffende Ereignis meist an seinem ursprünglichen Ort stehengelassen wurde, finden wir daher in dieser Zeit dasselbe Ereignis oft doppelt oder sogar mehrfach erzählt.

Mit Sicherheit können wir für das frühe 5. Jahrhundert ausmachen, dass nach dem Zusammenbruch der etruskischen Macht in Latium die Latiner und unter ihnen Rom zusammenrückten, weil in das politische Machtvakuum von den Bergen her die Äquer und, weiter südlich, die Volsker in die fruchtbare latinische Ebene hinabdrängten. In wahrscheinlich langen Kämpfen wurden die Äquer zurückgeschlagen und auch die Volsker aus dem Altstammesgebiet der Latiner wieder verdrängt. Bei den Kämpfen gegen die Volsker soll sich ein Mann namens Coriolanus ausgezeichnet haben; doch trägt seine Gestalt so, wie sie uns überliefert ist, legendäre, offensichtlich auch von Griechen ausgemalte Züge. Bis zum Ende des 5. Jahrhunderts konnten die Latiner ihr Gebiet, das nur den nördlicheren Teil der heutigen Provinz Lazio umfasst, festigen. Der lange Kampf, der eine größere Gemeinsamkeit erzeugt hatte, führte schließlich auch zu einem festeren Bund der Latiner, der nicht nur die mit der gemeinsamen Außenpolitik zusammenhängenden Fragen, sondern auch privatrechtliche Probleme der Städte untereinander regelte. Als Zeichen des gewachsenen Gefühls der Zusammengehörigkeit ist die von allen Latinern gemeinsam betriebene Kolonisation des neu gewonnenen Gebietes anzusehen, durch die am Fuß der Lepinischen Berge und in der Ebene eine ganze Reihe von Städten gegründet wurde. Die Römer scheinen innerhalb dieses Bundes erst sehr allmählich eine stärkere Stellung gewonnen zu haben.

An ihrer Nordgrenze standen die Römer den etruskischen Städten allein gegenüber; insbesondere Caere und Veji, die unmittelbar an römisches Gebiet grenzten, machten ihnen zeitweise schwer zu schaffen. Veji, das nur etwa 20 Kilometer nordöstlich von Rom lag und ein großes Territorium besaß, entwickelte sich zum eigentlichen Rivalen. Im Kampf gegen die Stadt soll das Geschlecht der Fabier, das hier noch im Sippenverband, also als einzelner Haufen und damit außerhalb der staatlichen Organisation stehend, in den Krieg zog, am Bache Cremera in einen Hinterhalt geraten und sollen dort alle Kämpfer bis auf einen einzigen, der das Weiterleben des später so berühmten Geschlechts sicherte, umgekommen sein. Am Ende des 5. Jahrhunderts kam es schließlich zu einem Vernichtungskampf zwischen Rom und Veji. Der Anlass ist uns unbekannt; doch war es letztlich die machtpolitische Rivalität, welche die Städte in den erbittert geführten Krieg trieb. Er soll nach der römischen Überlieferung zehn Jahre gedauert haben (405–396) und ist durch viele Anekdoten ausgeschmückt worden. Die Römer blieben am Ende Sieger. Einen herausragenden Anteil an dem Erfolg hatte M. Furius Camillus, der erste Römer, dessen Gestalt wir durch das dichte Gestrüpp der legendären Überlieferung etwas deutlicher erkennen können; er hatte das oberste Amt öfter inne und feierte mehrere Triumphe. Das verhasste Veji wurde nach dem Sieg völlig zerstört, die Überlebenden vertrieben oder versklavt und das Stadtgebiet in den römischen Staatsverband einverleibt. Das Staatsgebiet vermehrte sich dadurch auf ungefähr das Doppelte seines bisherigen Umfangs (ca. 1500 qkm), und Rom stieg auf diese Weise zur größten Stadt im westlichen Mittelitalien auf. Das annektierte Gebiet war so umfangreich, dass die lokalen Bezirke (*tribus*), in die das römische Territorium damals bereits eingeteilt war, um vier weitere auf insgesamt 25 Tribus wachsen konnten.

Unmittelbar nach dem Sieg über Veji stellte der Einbruch der Kelten nach Italien alles Erreichte wieder in Frage. Die Kelten waren, wohl gedrängt durch germanische Stämme, seit dem 6. Jahrhundert nach Westen geströmt. In zahllosen Einzelaktionen, die meist auf Stammesebene erfolgten oder von Splittergruppen, die sich jeweils spontan bildeten, getragen wurden, haben sie im 5. und 4. Jahrhundert Gallien, die britannische Insel, Irland und schließlich auch Spanien, wo sie mit der einheimischen iberischen Bevölkerung eine Mischkultur eingingen, besetzt, und überall begann hier die keltische La-Tène-Kultur (benannt nach einem Fundort am Neuenburger See/Schweiz) zu blühen. Auch in den Balkanraum und, Anfang des 3. Jahrhunderts, nach Griechenland und Kleinasien stürmten keltische Scharen. In Italien besetzten sie gegen Ende des 5. Jahrhunderts die gesamte oberitalienische Tiefebene (außer Venetien) und drängten die hier sitzenden Etrusker und Umbrer bis in die Apenninen zurück. Einzelne Scharen gelangten bis in die Toskana, nach Latium und Kampanien, sogar bis Süditalien hinunter; sie spielten in den Großmachtträumen des syrakusanischen Tyrannen Dionysios I. (405–367) eine zeitweise nicht unbedeutende Rolle. Durch die Verquickung des Kelteneinfalls mit der syrakusanischen Geschichte hat uns die griechische Historiographie über diese Ereignisse und ihre Chronologie einige bereits sehr verlässliche Daten geliefert. Eine Gruppe unter Brennus schlug das römische Aufgebot an dem kleinen Flüsschen Allia (nach der römischen Tradition am 18. 7. 387) und besetzte Rom; nur auf dem Kapitol scheint sich eine römische Truppe unter einem M. Manlius, der deshalb später Capitolinus beigenannt wurde, gehalten zu haben. Nach der Plünderung und Niederbrennung der Stadt zogen die Kelten wieder ab. Außer in Oberitalien konnten sie in Italien nirgendwo ständig Fuß fassen.

Rom hat sich von dem Keltensturm verhältnismäßig schnell erholt. Dabei half ihm, dass sich die Latiner bei aller Rivalität angesichts der großen Gefahr, die nicht nur von den Kelten, sondern nun auch wieder von alten Feinden, vor allem von den Volskern, Hernikern und von etruskischen Städten drohte, an die Römer enger anzulehnen wünschten. In dem neuen Bund, der nicht lange nach dem Abzug der Kelten aus Rom abgeschlossen worden sein dürfte (vielleicht ca. 370), scheint Rom bereits von Anfang an ein stärkeres Gewicht gegenüber den anderen latinischen Städten besessen zu haben; auf jeden Fall hat es sich bald zum eigentlichen Herrn des Bundes aufgeschwungen. Der neue Bund ging über eine gemeinsame Außen- und Militärpolitik noch hinaus: Durch die gegenseitige Gewährung des Heirats- und Verkehrsrechts (*ius conubii* und *ius commercii*) wurden alle Latiner im Ehe- und Handelsrecht gleichgestellt. Nach dem römischen Beamten, der das Abkommen stipulierte (Sp. Cassius Vecellinus), heißt es ‚cassischer Vertrag' (*foedus Cassianum*). Durch das Bündnis gestärkt, wurde man gemeinsam der Keltengefahr Herr, nahm den Volskern Antium (heute Anzio) und Anxur (Terracina) weg und drängte sie in die Berge zurück. Gegen die Etrusker haben die Römer und Latiner ebenfalls Seite an Seite gekämpft und gemeinsam auf annektiertem etruskischen Gebiet Kolonien gegründet (Sutrium, Nepete). Auch das mächtige Caere musste damals seine außenpolitische Hoheit aufgeben; seine gesamte militärische Kraft wurde unter Beibehaltung der inneren Autonomie in den römischen Staat integriert (*civitas sine suffragio*, „Bürgerrecht ohne politisches Stimmrecht"). Schließlich haben die Römer auch ihren östlichen Nachbarn, den zwischen den Lepinischen Bergen und den

Apenninen im Trerus-Tal sitzenden Stamm der Herniker, besiegt und in ein Bundesverhältnis gezwungen. Dadurch kam die Straße nach Kampanien, die damals durch das Trerus-Tal (noch nicht durch die Pontinischen Sümpfe) führte, in römische Hand.

Die langen und schweren Kämpfe in dem halben Jahrhundert zwischen dem Kelteneinfall und dem Jahre 340 haben den Römern und Latinern nicht nur Gemeinsamkeiten gebracht, sondern auch Streit erzeugt, der teils um Fragen des politischen Einflusses innerhalb des Bundes, teils um den Beuteanteil ging. Aus nicht mehr klar erkennbarem Anlass führten die Reibereien zu einem schweren Bruderkrieg, in dem sich die meisten latinischen Städte gegen Rom stellten (340–338). In dem furchtbaren Kampf konnte Rom die Latiner nur mit äußerster Kraftanstrengung niederzwingen. Mit Ausnahme von wenigen Städten, wie Tibur und Praeneste, die Rom treu blieben bzw. rechtzeitig zu Rom umschwenkten, wurde die Souveränität aller latinischen Städte aufgehoben und deren Bevölkerung in den römischen Staatsverband integriert. Das Gebiet Roms wuchs damit auf ca. 6100 qkm, und das Wehrpotential dürfte sich mindestens verdoppelt haben. So brutal das Vorgehen war, mit dem die Römer den langen Hader aus dem Weg räumten, lag es doch in der Konsequenz einer Entwicklung, welche die Latiner nicht nur politisch, sondern auch privatrechtlich an Rom herangeführt hatte. Die Römer trugen zur Integration der Latiner in den römischen Staatsverband dadurch bei, dass sie ihnen in den darauffolgenden Samnitenkriegen vor allem bei Ansiedlungen einen gleichen Anteil an der reichen Beute gaben.

Das römische Territorium unterschied sich durch die Inkorporierung der Latiner von allen anderen Stadtstaaten künftig dadurch, dass es auf seinem Boden neben der großen Stadt Rom zahlreiche kleinere städtische Siedlungen (die ehemaligen latinischen Städte) gab. Die später *municipia* genannten ‚Landstädte' erhielten zur Entlastung der Verwaltung beschränkte Aufgaben (eine niedere Gerichtsbarkeit; Marktgerichtsbarkeit; Aufgaben der Versorgung der Stadt mit Wasser und Lebensmitteln). Damit war ein Modell für die Aufnahme weiterer Städte in das Gebiet des römischen Stadtstaates gegeben.

Die Zeit der Ständekämpfe

Ursprung der Ständekämpfe und erster Ausgleich

Die innenpolitische Entwicklung Roms ist im 5. und 4. Jahrhundert durch schwere Spannungen zwischen der Bauernschaft und dem Adel gekennzeichnet. In diesen in der modernen Literatur als ‚Ständekämpfe' bezeichneten inneren Unruhen steht auf der einen Seite der patrizische Adel (*patricii*); er tritt uns sofort als eine in sich einheitliche Gruppe gegenüber, doch hat sich seine innere Geschlossenheit tatsächlich erst in einer längeren Entwicklung herausgebildet, in der manche Familien- und Sippenoberhäupter gegenüber anderen an Einfluss gewannen. Die den Patriziern in den Ständekämpfen gegenüberstehende Bauernschaft, die in den Quellen Plebs bzw. Plebejer genannt wird (von *plere*, „füllen", also: Menge), ist weniger einheitlich zusammengesetzt. Ein großer, vielleicht der größte Teil dürfte sich aus der ‚freien', das heißt nicht in der wirtschaftlichen und privatrechtlichen Abhängigkeit (Clientel) der Vornehmen stehenden Bauernschaft rekrutiert haben; einen nicht geringen Anteil an der Plebs aber bildeten wohl von Anfang an auch Clienten der Patrizier. Dazu traten dann noch, nach Einfluss und Zahl weniger bedeutsam, Handwerker der Stadt Rom.

Den Ursprung der Kämpfe können wir nur dunkel ahnen. Wirtschaftliche Schwierigkeiten und Engpässe in der Versorgung haben gewiss vielfach Anlass zu Streitereien gegeben. Die tiefere Ursache der sozialen Bewegung wird indessen darin zu suchen sein, dass die Massen der Bauern durch den Wandel der Kampfestaktik zu einem bisher nicht gekannten Selbstbewusstsein gekommen waren: Vom adligen Einzelkampf war man zum Kampf in der Schlachtreihe übergegangen, in der eine große Anzahl von Schwerbewaffneten in langer Linie (Phalanx) dem Gegner gegenüberstand. Diese schon im 7. Jahrhundert im griechischen Osten aufgekommene Kampfesweise erforderte im Gegensatz zu früher viele erfahrene Krieger, die, wegen des Gebots der Selbstausrüstung, ein gewisses Vermögen haben und vor allem auch, wegen des Kampfes in einer starren Formation, die Fähigkeit zu eiserner Disziplin besitzen mussten. Da nach damaligem Denken der Waffendienst mit dem Besitz politischer Rechte verknüpft war, äußerte sich das neue Selbstbewusstsein als ein politisches Bewusstsein, das zwar nicht gegen die herrschende Sozialstruktur und damit auch nicht auf die Beseitigung des Adels, aber als Konsequenz der veränderten sozialen Bedingungen doch auf eine bessere Absicherung der persönlichen Existenz und auf eine Beteiligung an den politischen Entscheidungen gerichtet war.

Gegenüber den Plebejern schlossen sich die Patrizier nun enger zusammen. Die staatlichen Machtmittel, die allein in ihren Händen lagen, nutzten sie rücksichtslos aus und konnten sich dabei auf ihre zahlreichen, ihnen ergebenen Clienten stützen. Ihre wirksamste Waffe war angesichts der damals starken, ja unlöslichen Bindung des Rechts an den sakralen Bereich aber der religiöse Charakter der von ihnen gehandhabten staatlichen Machtmittel. Diese Verhältnisse fanden darin ihren auch formalen Niederschlag, dass die Auspizien, und das hieß: das Recht auf staatliche Aktivität (eigentlich: das Recht darauf, die Götter um die Zustimmung zur staatlichen Aktion bitten zu dürfen), als allein den Patriziern gehörig hingestellt wurde. Somit konnten die Patrizier ihre Zustimmung (*auctoritas patrum*) zu den plebejischen Forderungen und Aktionen durch den Hinweis auf die sakrale Bindung des (hier: öffentlichen) Rechts verweigern.

Die Plebejer, denen so jede Möglichkeit politischer Aktivität genommen war, schufen sich nun ihrerseits eine Organisation, durch die sie politisch aktiv werden, das heißt ihren Willen kundtun und ihm Wirksamkeit verschaffen konnten. Bei Lage der Dinge war die plebejische Organisation keine ordentliche staatliche, sondern eine gegen die geltende Staatsmacht gerichtete Einrichtung. Sie bestand aus zwei Institutionen, aus den ursprünglich zwei oder drei, später mehr (schließlich waren es zehn) Tribunen des plebejischen Volkes (*tribuni plebis*), welche die Vorsteher, also gleichsam die Exekutive der Plebs bildeten, und aus der Versammlung aller Plebejer (*concilium plebis*), die Beschlüsse fasste (*plebiscita*; programmatische Erklärungen, Erklärungen zu aktuellen Fragen usw.). Die Versammlung der Plebejer war übrigens nicht nach gentilizischen Kurien, wie die ordentliche Volksversammlung, sondern nach lokalen Bezirken (*tribus*) gegliedert und zeigte darin eine stärker ‚demokratische' Ausrichtung. Neben die plebejischen Institutionen traten schließlich noch zwei plebejische Ädile, die aus einem Tempelamt hervorgegangen waren und marktpolizeiliche Belange sowie gewisse religiöse Funktionen (Leitung von Spielen) innerhalb der sich konstituierenden plebejischen Gemeinde wahrnahmen. – Um ihre Vorsteher, die Volkstribune, vor dem Zugriff der patrizischen Beamten zu schützen, umgaben die Plebejer sie mit einem sakralen Nimbus (*sacrosanctitas*), den sie in einer religiösen Verpflichtung, geschworen beim Tempel der besonders den Plebejern heiligen Göttin Ceres auf dem Aventin, formell absicherten. Da die

Tribune als eine gegen die staatliche Macht aufgerichtete Institution keinerlei Rechtsschutz besaßen, sollte sie die sakrale Weihe schützen: Der Magistrat, der sich an einem Tribunen vergriff, war damit verflucht (*sacer*) und verfiel der allgemeinen Ächtung. Tatsächlich aber konnte der so institutionalisierte Schutz des Tribunen nur wirken, wenn alle Plebejer bei Verletzung eines Tribunen ihm auch sofort zu Hilfe eilten. Der religiöse Nimbus war demnach lediglich Ausdruck der politischen Kräfte, die hinter den Tribunen standen. Waren diese schwach oder inaktiv, half den Tribunen die religiöse Weihe nicht sehr viel.

Praktisch verlief der politische Kampf nun so, dass ein Plebejer, den ein patrizischer Magistrat strafen wollte, zu einem Tribunen lief und ihn um Hilfe anging (*appellatio*); der Tribun leistete diese Hilfe (*auxilium ferre*) dann dadurch, dass er sich einfach zwischen den Plebejer und den Magistrat stellte (*intercedere*, davon dann *intercessio*) und diesen so am Zugriff hinderte. Missachtete der Magistrat die Heiligkeit des Tribunen und stieß ihn beiseite, eilte die Masse der Plebejer herbei, um den so zum Sakralverbrecher gewordenen Magistrat abzuwehren, eventuell sogar abzuurteilen und zu töten. Auf diese Weise bildeten die Tribune schließlich eine Praxis des Verbietens aus (ohne sich noch körperlich dazwischenzustellen, sagten sie einfach nur mehr *intercedo* bzw. später auch *veto*), und ähnlich usurpierte sich die Versammlung der Plebejer bald ein Beschlussrecht, das auch Todesurteile einschloss. Vom patrizischen Standpunkt aus betrachtet, waren diese Verbote und Beschlüsse kein Recht; aber sie wirkten doch durch den politischen Druck der Massen als eine faktische Kraft. – Als weitere Kampfmaßnahme entwickelten die Plebejer schließlich den politischen Streik, entweder als Verweigerung der Rekrutierung oder, weitergehend, als Verweigerung jeder Tätigkeit. Diese letztere, nach moderner Terminologie als Generalstreik aufzufassende Aktion tritt uns in den Quellen als symbolischer Auszug der Plebs aus der Stadt (*secessio plebis*) entgegen.

Nach langen Kämpfen gaben die Patrizier schließlich manchen Forderungen nach. Zum einen wurde den Plebejern eine Beteiligung an der Wahl der höchsten Magistrate eingeräumt. Da diese gleichzeitig die Feldherren waren, konnte den Plebejern, auf denen die Hauptlast des Kampfes in der Schlacht ruhte, eine Mitbestimmung bei ihrer Auswahl auch nicht gut abgeschlagen werden. Der Charakter der Neuerung als einer Konzession an das Heer fand darin seinen Niederschlag, dass die Heeresversammlung nun als die die Magistrate wählende Volksversammlung eingerichtet wurde. Da sie nach militärischen Hundertschaften (*centuriae*) organisiert war, hieß diese neue, neben die alten Kuriatkomitien tretende Versammlung „die nach Zenturien gegliederte Volksversammlung" (*comitia centuriata*). Eine Heeresversammlung, die nach Reitern (*equites*), schwerbewaffneten Fußsoldaten (*pedites; classis*) und Leichtbewaffneten (*velites*) sowie Handwerkern und Spielleuten gegliedert war, hatte es schon länger gegeben; das Kriterium für die Eingliederung in die einzelnen Waffengattungen hatte angesichts des Grundsatzes, dass jeder Soldat sich selbst ausrüsten musste, das Vermögen des einzelnen gebildet. Nach der Etablierung der Heeresversammlung als Volksversammlung blieb es dabei, und die neue Volksversammlung gliederte sich folglich in zahlreiche, nach Vermögen abgestufte Abstimmungskörper. In späterer Zeit betrug die Summe aller Abstimmungsabteilungen (Zenturien) 193, von denen die höchste Vermögensklasse die Reiter darstellten (18 Zenturien); die Schwerbewaffneten standen in der wieder in fünf Untergruppen unterteilten Klasse (*classis*; 80 + 20 + 20 + 20 + 30), und die restlichen 5 Zenturien wurden von den Handwerkern (2), Spielleuten (2) und den nichts beziehungsweise wenig besitzenden Römern (1; die in dieser Zenturie Abstimmenden hießen *proletarii*, „Proletarier", was damals vielleicht die Bürger bezeichnet hat, die kein Vermögen, sondern nur Nachkommen, *proles*, hatten) eingenommen. Da die Abstimmungsordnung auf dem Vermögen beruhte (die Reiter und die 1. Klasse der Fußsoldaten konnten bereits die Mehrheit bilden), gehört sie in die als timokratisch bezeichneten (von griech. *timé*, „Vermögensschätzung") politischen Ordnungen. Sie war damals sehr modern und entsprach auch den plebejischen Forderungen, die ja vor allem von den in der Schlachtreihe stehenden und also mit Vermögen (meist einem Bauernhof) versehenen Schwerbewaffneten gestellt wurden.

Eine weitere wichtige Neuerung in dieser ersten Phase des Ausgleichs war die Aufzeichnung des geltenden Rechts. Das Recht war damals noch weitgehend formalistisches Spruchrecht, und seiner sakralen Bindung wegen wurde es von der Priesterschaft der Pontifices verwaltet. Damit, dass nun dieses Recht und zugleich auch andere, als Recht oder Gewohnheit erkannte Normen veröffentlicht wurden, löste sich das Recht von der Priesterschaft, wurde der allgemeinen Interpretation zugänglich und vermochte sich fortzuentwickeln, um schließlich in das großartige Gebäude des klassischen römischen Rechts zu münden. Diese Zukunftsperspektive aber war damals natürlich noch verdeckt; für den Augenblick kam es den Plebejern auf die durch die Veröffentlichung erzeugte Rechtssicherheit an: Der Wortlaut und der Umfang der Normen standen nun fest und waren jedermann zugänglich.

Für die Aufzeichnung des Rechts wurde eine Kommission von zehn Männern (*decemviri*) gebildet, die als eine über den staatlichen Institutionen stehende Kommission von Schiedsrichtern angesehen wurde, und die Dezemvirn ließen alles ihnen gut Scheinende aus Privat-, Straf- und Sakralrecht, ferner auch manche Sätze des öffentlichen Rechts zusammenstellen. Die Masse dieses Rechtsgutes war altes Recht; doch hat die besondere innere Situation auf die Auswahl des Aufzuzeichnenden gewirkt, und manche Sätze, wie die Strafbestimmung für den betrügerischen Patron (sie verweist auf Klagen von Clienten gegen brutale Patrone), sind auch eine unmittelbare Folge der inneren Unruhe. Das Recht wurde auf zwölf Tafeln aufgezeichnet. Für rein technische Fragen der Kodifikation sowie zur Formulierungshilfe (die Römer besaßen damals noch keine Literatur, waren also in der schriftlichen Fixierung aller Vorgänge sehr unbeholfen) haben sich die Römer an die Griechen gewandt, die hierin große Erfahrung besaßen. Wahrscheinlich hat man Kyme, die Rom am nächsten gelegene griechische Stadt, oder aber eine andere Stadt Unteritaliens, jedenfalls nicht Athen, wie die römische Historiographie später glauben machen will, um Rat gebeten.

Die Zwölf-Tafeln wurden in der Mitte des 5. Jahrhunderts aufgezeichnet. Die Einrichtung der Zenturienversammlung als Volksversammlung war etwas früher, da die Zwölf-Tafeln sie voraussetzen. Nicht lange nach dem Zwölf-Tafelwerk wurde auch das Eheverbot zwischen den Patriziern und Plebejern aufgehoben (ein Volkstribun mit dem Namen Canuleius soll sich dabei große Verdienste erworben haben) und damit die privatrechtliche Grenze zwischen den ‚Ständen' beseitigt. Der Plebejer war nunmehr eine autonome Persönlichkeit, die zur Erlangung des Rechts nicht mehr der Vermittlung eines patrizischen Patrons bedurfte.

Der Kampf um die Teilhabe am politischen Regiment und der endgültige Ausgleich

In der ersten Versöhnungsphase hatten die Plebejer sich im Gegenzug zu den patrizischen Konzessionen dazu verstanden, ihre irreguläre Strafgerichtsbarkeit, mit der sie unliebsame Patrizier beseitigt hatten (‚Lynchjustiz'), aufzugeben; das hatten auch die Zwölf-Tafeln so festgehalten. Ihre Organisation wollten sie hingegen nicht auflösen; zu tief saß noch das Misstrauen gegen die Patrizier. Eine ganze Weile, wahrscheinlich über zwei Generationen, war das innenpolitische Klima entspannt, und wenn sich der alte Streit auch an diesem oder jenem Gegenstand gelegentlich wieder entzünden mochte und sich dann das alte Vokabular und die alten Formen des Kampfes sogleich wieder in den vorgebildeten Bahnen bewegten, fehlte es doch an Zündstoff, der das einzelne Feuer zu einem Flächenbrand auszuweiten vermocht hätte. In den Kämpfen gegen die Nachbarn und ganz besonders in dem großen Krieg gegen Veji bestand der soziale Friede seine Bewährungsprobe, doch belastete gerade der Krieg gegen Veji den in der Schlachtreihe kämpfenden Römer auf das härteste. Mit der militärischen Belastung wuchsen aber seine politischen Ansprüche und vor allem: Die in den langen inneren Unruhen erprobten plebejischen Führergestalten, die sich als Staatsmänner und Feldherren bewährt hatten, und die während der Phase der Versöhnung in deren Rangstellung nachrückenden Volkstribune und Ädile wollten nun nicht mehr nur den plebejischen Massen einen passiven politischen Einfluss in den Volksversammlungen sichern, sondern erstrebten ihrerseits aktiven Anteil am politischen Regiment, mit anderen Worten: Sie wollten das passive Wahlrecht zu den Magistraturen, insbesondere zu der höchsten Magistratur, die bisher den Patriziern vorbehalten gewesen war. Als Magistrate hofften sie dann, etwaige neue plebejische Forderungen auch besser durchsetzen zu können. Die Patrizier wehrten sich u. a. wieder mit dem Hinweis darauf, dass das magistratische Recht, das auf den Auspizien beruhe, nach Sakralrecht an das Patriziat gebunden sei.

Den Plebejern scheinen bereits früh Teilerfolge gelungen zu sein; denn seit 444 finden wir in der Beamtenliste (Fasten) anstelle des einzigen höchsten Beamten Kollegien von drei, vier und sechs Magistraten (die Annalistik nennt sie „Militärtribune mit konsularischer Gewalt", *tribuni militum consulari potestate*), unter denen sich offensichtlich auch echte (nicht später untergeschobene) plebejische Namen finden. Die Vermehrung der obersten Kommandostellen dürfte mit einer stärkeren Differenzierung des Heeres zusammenhängen; aber im Zuge der Reform sind dann anscheinend von den Zenturiatskomitien, die das Heer repräsentierten, auch Plebejer in das Oberamt gewählt worden. Nach unserer Überlieferung ist das Konsulartribunat bis 367 zeitweise viele Jahre hintereinander, so z. B. während des ganzen Vejentischen Krieges, an die Stelle des patrizischen Oberbeamten getreten. Endgültig hatten sich die Plebejer hingegen noch nicht durchgesetzt. Als dann aber unmittelbar nach dem Sieg über Veji Rom durch die Kelten an den Rand des Verderbens gebracht, das römische Heer vernichtend geschlagen und Rom geplündert worden war, bedeutete die Katastrophe doch zugleich auch eine Niederlage des patrizischen Staates. Die Schwäche der Staatsgewalt brachte das Heer der Schwerbewaffneten und ihre plebejischen Führer in eine Position der inneren Stärke, aus der heraus neue Forderungen gestellt und der Kampf mit größeren Erfolgschancen erneut gewagt werden konnte. Sobald sich die äußere Lage einigermaßen stabilisiert hatte, setzte der soziale Kampf dann tatsächlich wieder ein, und er wurde offenbar noch härter geführt als im frühen 5. Jahrhundert. Die plebejischen Anführer hatten in der Lenkung und Einsetzung ihrer Organisation Übung bekommen und vor allem: Sie hatten große Resonanz bei den Massen, und die Patrizier waren geschwächt. Zeitweilig scheint der gesamte Staatsapparat lahmgelegt worden zu sein. Es herrschte Anarchie, und nur das Fehlen starken außenpolitischen Drucks verhinderte eine Katastrophe.

Am Ende sahen sich die Patrizier zum Einlenken gezwungen: Sie ließen die Plebejer zum obersten Amt zu. Um jedoch zu verhindern, dass die Staatsführung einem Plebejer allein überlassen wurde, war das Zugeständnis mit einer Verdoppelung des obersten Amtes verbunden, das künftig also aus zwei Beamten bestand, von denen einer Plebejer sein durfte, der andere Patrizier sein musste. In der so geschaffenen Kollegialität sollte jeder der beiden Amtsträger für das gesamte Amt zuständig sein und konnte entsprechend alle ihm missliebigen Aktionen seines Kollegen von Rechts wegen verbieten (*intercedere*). Die Kollegialität sicherte die Patrizier gegen eine plebejische Bevormundung ab. Die beiden obersten Beamten erhielten von dieser erzwungenen Zusammenarbeit den Namen *consules* (von *con-salire*, „zusammenspringen"). Es ist denkbar, dass das alte, einstellige patrizische Oberamt, der *praetor maximus,* bei der Etablierung des Konsulats nicht abgeschafft, sondern als zunächst noch rein patrizisches Amt neben den Konsuln stehen gelassen wurde, so dass eine Zeitlang ein Dreierkollegium von (mindestens) zwei Patriziern und einem Plebejer an der Spitze des Staates gestanden hätte. Den Konsuln wäre dann vor allem die Führung des Aufgebots zugekommen, dem dritten Kollegen, der gleichsam als Nachfolger des patrizischen Oberbeamten anzusehen ist und auch dessen Amtsbezeichnung (*praetor*) behielt, die Geschäfte, insbesondere die wachsenden Gerichtsangelegenheiten in der Stadt, wo der patrizische Oberbeamte in den letzten Jahrzehnten des Ständekampfes vor allem agiert hatte, vorbehalten worden. Durch das Übergewicht der Konsuln, das sich insbesondere in den Samnitenkriegen herausstellte, wäre der Prätor dann allmählich aus dem Kollegium verdrängt und am Ende ein den Konsuln nachgestellter Beamter geworden.

Die Konsulatsverfassung ist ein Produkt des Ständekampfes. Die Tradition versetzt sie in das Jahr 367 und verbindet sie mit dem angeblichen Gesetzgebungswerk der Volkstribune C. Licinius Stolo und L. Sextius Lateranus (*leges Liciniae Sextiae*). Da die Volkstribune damals noch gar keine Gesetze beantragen, sondern nur unverbindliche Plebiszite der plebejischen Volksversammlung herbeiführen konnten, sind ihre Gesetze sicher unhistorisch; doch dürften die beiden Volkstribune einen maßgeblichen Anteil an dem Zustandekommen des Kompromisses mit den Patriziern gehabt haben. – In dieser Zeit ist noch eine Reihe weiterer Änderungen vorgenommen worden, welche die spätere republikanische Verfassung kennzeichnen. Einmal wurde ein spezieller Gerichtsbeamter, der zwischen Bürgern Recht sprach, geschaffen; die zunächst den Patriziern vorbehaltene Magistratur erhielt den alten Prätorennamen (*praetor urbanus*, Stadtprätor) und darf als das eigentliche Nachfolgeamt des patrizischen Oberbeamten angesehen werden (s.o.). Daneben wurden zwei neue sogenannte kurulische Ädile geschaffen, zu denen ebenfalls nur Patrizier gewählt werden durften. An der Parallelität zu den plebejischen Ädilen erkennt man deutlich den auf Standesparität bedachten Ausgleich.

Künftig rückte Jahr für Jahr ein Plebejer ins Konsulat und trat, der Gewohnheit des patrizischen Staates folgend, nach dem Amt in den Senat ein. Die Bänke des Senats füllten sich demnach mit Plebejern, unter ihnen hervorragende Feldherren, die sich in den Feldzügen gegen die Latiner und Samniten bewährt hatten. Schon vor dem Ausgleich hatte man auch den Volkstribunen gestattet, an den Senatssitzungen teilzunehmen. Zwar bewahrten sich die meisten patrizischen Geschlechter ihr Ansehen, und die vornehmsten unter ihnen überragten an Autorität und an Zahl der Konsulate alle anderen; doch neben sie traten nun plebejische. Anfangs wechselten die konsularischen plebejischen Familien noch stark; Geschlechter kamen und verschwanden wieder, doch behauptete sich schon bald eine konstante Anzahl von plebejischen Familien konsularischen Ranges, und aus den alten patrizischen und den zu Einfluss gekommenen neuen plebejischen Familien bildete sich dann verhältnismäßig schnell eine neue Adelsschicht, die Nobilität (*nobilitas*). In den Samnitenkriegen war diese Schicht noch im Stadium des Werdens; mit dem Abschluss der Kämpfe steht sie dann aber bereits ziemlich geschlossen vor uns. Künftig wurde es für Plebejer, die bislang noch nicht dem Kreis der konsularischen Familien angehörten, immer schwerer, in die sich fester abschließende Gruppe einzudringen, und am Ende wurde das so schwierig, dass derjenige, dem das trotzdem gelang, mit einem die veränderten Verhältnisse dekuvrierenden Begriff, nämlich als ‚neuer Mann' (*homo novus*), bezeichnet wurde. Der Tatbestand der Neubildung der römischen Aristokratie beweist auch, dass sich selbst im Zeichen des Ständekampfes an der sozialen Grundstruktur wenig oder nichts geändert hatte: Auch die Plebejer hatten sich, in Analogie zu den patrizischen Verhältnissen, in Clientelen organisiert, und die ‚Nobilitierung' des einflussreichen plebejischen Politikers war also die Konsequenz der alten und neuen Sozialstruktur zugleich.

Angesichts der Neubildung des Adels wurde der Widerstand gegen die Zulassung von Plebejern auch zu anderen Ämtern immer schwächer; alles führte dahin, den Standesunterschied nicht mehr als sehr wichtig, auf jeden Fall nicht mehr als das Entscheidende anzusehen. Schon 351 finden wir daher unter den Zensoren, welche die Bürger vermögensrechtlich einstuften und andere wichtige, darunter auch finanzpolitische Aufgaben erhielten, einen Plebejer; 337 bekleidete der erste Plebejer die Stadtprätur. Ebenso wird die kurulische Ädilität bald Plebejern zugänglich, und schließlich können sie sogar alle Priesterstellen (die politisch wichtigen der Pontifices und Auguren durch das Ogulnische Gesetz vom Jahre 300) übernehmen und bleiben aus sakralen Gründen nur von gewissen, politisch unwesentlichen Priesterschaften für reine Opfertätigkeiten (z. B. von dem Amt des „Opferkönigs", *rex sacrorum*) ausgeschlossen. – Mit der Aufhebung des ständischen Gegensatzes wird auch die politische Strafgerichtsbarkeit, die nach der Wiederaufnahme des Kampfes von beiden Seiten in ziemlich chaotischer Weise praktiziert worden war (die Volkstribune hatten wieder ihre ‚Revolutionstribunale' eingerichtet und die patrizischen Beamten demgegenüber ihre Polizeigewalt zu einer die Todesstrafe einschließenden Inquisitionsgerichtsbarkeit ausgedehnt), neu geordnet. Künftig sollten die obersten Magistrate für sie nicht mehr zuständig sein, sondern an ihrer Stelle alle politischen Anklagen von Volkstribunen und Ädilen vor der Volksversammlung erhoben werden können (Valerisches Provokationsgesetz, 300). Die politische Strafgerichtsbarkeit ist auf diese Weise dem Laiengericht vorbehalten worden.

Blieb schließlich noch die plebejische Organisation. Die geheiligten Instrumente des Kampfes wollte kein Plebejer preisgeben, und sie waren nun auch bereits über 150 Jahre bestehende Institutionen, die sich, obwohl revolutionären Ursprungs, durch Gewohnheitsrecht ihren Platz erobert hatten. Das Volkstribunat hatten die Patrizier faktisch bereits in der Mitte des 4. Jahrhunderts als ein reguläres Amt behandelt, und ebenso ist dann, nach einem letzten kurzen Kampf, in dem es zum politischen Streik gekommen zu sein scheint, die plebejische Volksversammlung staatlich anerkannt worden (durch das Hortensische Gesetz, 287): Künftig galt ein Plebiszit (*plebiscitum*) dieser Versammlung soviel wie ein Gesetz (*lex*) der Zenturiatkomitien. Man konnte dies um so eher zulassen, als jetzt das Volkstribunat, das in Analogie zum Konsulat kollegialisch organisiert worden war, nicht mehr nur und im Laufe der Zeit immer weniger fanatische Revolutionäre in seinen Reihen hatte, sondern gerade viele Angehörige der vornehmen, nun zur Nobilität gehörigen Familien mit diesem traditionsreichen und angesehenen Amt ihre Karriere begannen, ja sie schützten künftig sogar durch ihre Interzession die Nobilität gegen unangemessene, die alte innere Unruhe wiederbelebende Angriffe von seiten plebejischer Hitzköpfe. Die neue Adelsgesellschaft hielt künftig gerade auch durch das Tribunat die Maschinerie der Verfassung fest in ihrer Hand.

Staat und Gesellschaft nach dem Ausgleich der Stände

Die politische Struktur und der äußere Aufbau der republikanischen Verfassung haben sich im Ständekampf nicht unwesentlich gewandelt. So, wie die Verfassung am Ende des Kampfes vor uns steht, ist sie dann aber bis zu ihrer Auflösung unter dem Diktator Caesar jedenfalls im Grundsätzlichen nicht mehr verändert worden. Die äußere Form wurde zwar ergänzt und erweitert, und ebenso hat sich das Gewicht der die politische Ordnung tragenden Kräfte nicht unerheblich verschoben; aber der seit ca. 300 v. Chr. gegebene Rahmen blieb erhalten.

Die Mitte der politischen Ordnung bildete die gegen Ende der Ständekämpfe entstandene neue, patrizisch-plebejische Adelsgesellschaft, die Nobilität. Auch das alte patriarchalische Verhältnis zwischen den Adligen (Nobiles) und den Massen der Römer, das während des Kampfes zwar im Grundsatz unwidersprochen, doch vielerorts geschwächt worden war, erhielt nun seine frühere Geltung zurück, und die Autorität der Vornehmen war somit gänzlich unbestritten. Der Nobilität wurde im Wesentlichen das Geschäft der Politik überlassen, und im Gegenzug sorgten die Nobiles für die soziale Sicherung des einfachen Römers. In dem halben Jahrhundert der Samnitenkriege (326–290/272), von denen die Schlussphase des Ständekampfes und die ersten Jahrzehnte nach dem endgültigen Ausgleich begleitet sind, bewährte sich die neue Adelsgesellschaft, erwarb zusätzliche Autorität und befriedigte durch die Verteilung des im Verlauf der Expansion den Feinden abgenommenen Landes die materiellen Interessen der breiten Massen. Im Zuge des Gewinns an Sozialprestige schloss sich die Nobilität ab, und wenn sie auch eine im Prinzip offene Gesellschaft blieb, wurde es doch für einen ehrgeizigen Mann, der ihr nicht angehörte, immer schwerer, in sie einzudringen.

Die politischen Entscheidungen trafen die Nobiles durch Absprache untereinander. Wie in allen aristokratischen Ordnungen war die Persönlichkeit des Regiments der die politische Ordnung bestimmende Zug. Die notwendige formelle Absegnung der Beschlüsse erfolgte im Senat, der bei kontroversen Entscheidungen dann oft auch zum Ort heftiger Debatten wurde. Ist daher die Nobilität in ihrer Gesamtheit als Regierung anzusehen, bedurfte sie doch zur Durchsetzung ihres Willens Beamter (Magistrate), die, soweit sie Gewicht hatten, selbstverständlich der Nobilität oder ihr nahestehenden Familien angehören mussten. Mit Hilfe des Senats, in dem alle Fragen von Belang beraten wurden, und der Magistrate hielt die Nobilität den staatlichen Apparat fest in ihrer Hand. Ihr eigentliches Problem bei der Lenkung des Staates war nicht die Frage ihrer politischen Zuständigkeit, die vielmehr unwidersprochen und unbeschränkt galt, sondern das Problem der Überwachung der Magistrate durch die Gesamtheit der regierenden Gruppe. Denn die Magistratur, vor allem die Konsuln und die anderen im Felde operierenden Beamten, besaß eine sehr starke, kaum eingeschränkte – auf dem militärischen Sektor sogar ganz unabhängige – Amtsgewalt, und die Nobilität hat daran nichts ändern können, weil die aristokratische Natur der Staatsordnung wegen des Fehlens einer Zentrale keine Alternative – etwa eine große, in sich gegliederte und mit Organen der Kontrolle ausgerüstete Bürokratie – zuließ, und sie hat daran auch nichts ändern wollen, weil in der unmittelbar sich an die Ständekämpfe anschließenden Phase der Expansion und danach in der Phase der Behauptung der Weltherrschaft eine Schwächung der exekutiven Gewalt den Bestand des Staates gefährdet hätte. Die Überwachung der Beamten wurde vor allem durch die Einrichtung verschiedener Rechtskontrollen erreicht: Die Jährlichkeit des Amtes (Annuität) führte jeden Beamten schon nach einem Jahr wieder in das Kollektiv der Gesellschaft zurück und ermöglichte so u. U. Anklagen wegen Amtsmissbrauchs (der Amtsträger konnte während des Amtes nicht belangt werden); die Kollegialität bremste jedes Mitglied des Kollegiums dadurch, dass jegliche Eigenwilligkeit von Beamten durch die Interzession von Kollegen, die dem Kollektiv der Nobiles ergeben waren, lahmgelegt werden konnte; das Verbot der Anhäufung (Kumulation) von Ämtern verhinderte die gleichzeitige Bekleidung mehrerer Ämter und damit jede Machtkonzentration, das Verbot der Anreihung von Ämtern (Kontinuation) die Bekleidung mehrerer Ämter unmittelbar hintereinander (wodurch der Beamte dann nach jedem Amt Privatmann wurde und angeklagt zu werden vermochte) und die Einschränkung der Wiederholung desselben Amtes (Iteration) erschwerte die mehrmalige Bekleidung desselben Amtes nach Ablauf einer Reihe von Jahren. Durch Gewohnheit (lat. *mos*) war der Beamte ferner verpflichtet, vor allen wichtigen Aktionen (Feldzug, Schlacht, Urteilsfindung usw.) einen Rat von Vornehmen und Fachleuten (*consilium*) anzuhören, in dem selbstverständlich auch Nobiles saßen. Auf diese Weise blieb er während seines Amtes immer unter Kontrolle der ganzen regierenden Schicht und vergaß selbst in höchster Position und als Inhaber größter Gewalt niemals, dass er seine Amtsgewalt nicht auf Grund eigenen Rechts besaß, sondern er nichts war als ein Mandatsträger der Nobilität, in der alle Gewalt ihren Ursprung und ihr Ende hatte.

Das Volk hatte am politischen Regiment durch die Abstimmungen in den Volksversammlungen Anteil, wo Gesetze beschlossen, aktuelle politische Fragen, wie Krieg und Verträge, entschieden, wo die Magistrate gewählt und politische Verbrechen abgeurteilt wurden. Am Zustandekommen der Beschlüsse hatten die Römer allerdings nur passiven Anteil; sie konnten lediglich über die Vorschläge der die Versammlung einberufenden und leitenden Magistrate abstimmen, nicht, wie etwa in den griechischen Städten, von sich aus Anträge einbringen oder die von den Magistraten eingebrachten abändern. Aber mochten auch die Bürger hier nur über das ihnen von den Magistraten jeweils Vorgelegte abstimmen und die Volksversammlungen wegen des Wachsens des römischen Bürgergebietes zunehmend nicht mehr von allen, insbesondere nicht mehr von den entfernter wohnenden Bürgern besucht werden können, sicherten die Abstimmungen doch selbst in der Auflösungsphase der Republik noch die Öffentlichkeit aller Politik: War das tatsächliche Gewicht des Volkes bei den politischen Entscheidungen auch noch so gering, garantierten die Volksversammlungen doch allein durch ihre Existenz, dass alle wichtigen Gesetzesanträge in der Öffentlichkeit des ganzen Volkes diskutiert, nämlich von dem aristokratischen Beamten dem Volke vorgestellt, begründet und gegebenenfalls verteidigt wurden. Selbst nach der völligen Degeneration der Volksversammlungen ist die Verfassung doch niemals soweit aristokratisiert worden, dass das Volk (bzw. als Institution: die Volksversammlung) als eine die politische Ordnung bestimmende Größe unwesentlich geworden oder gar beseitigt worden wäre. Auf Grund des sozialen Gefüges (Clientel) und der in der Zeit des Aufstiegs Roms gemeinsam erbrachten Leistungen war das Volk in dem Bewusstsein aller ein konstitutiver Teil der politischen Ordnung, und gerade auch die Nobilität schöpfte die Legitimation ihrer herausgehobenen Stellung aus einer von allen anerkannten, lebendigen Autorität, die als solche gerade nicht die Untertänigkeit, sondern die Freiheit eines jeden Römers voraussetzte. In Rom war darum die politische Freiheit (*libertas*) nicht einfach nur aristokratische Freiheit, obwohl die Nobiles alle politische Initiative besaßen und die Freiheit ihnen daher in anderer, höherer Qualität zukam, sondern schloss alle Bürger ein: Kein Römer der republikanischen Zeit konnte sich den Nobilis als einzige politische Kraft auch nur vorstellen.

Einen wesentlichen Anteil am politischen Geschehen hatte der einfache Bürger ferner durch den Dienst im Heer. Das römische Heer ist bis auf Caesar im wesentlichen ein Milizheer geblieben. Der Römer wurde nach Bedarf einberufen und erhielt für seinen Wehrdienst eine gewisse finanzielle Entschädigung (Wehrsold), ferner einen Anteil an der beweglichen Beute oder, bei Etablierung von Siedlungen auf dem eroberten Gebiet, ein Stück Land. Da der römische Soldat Bauer war und daher nicht unbeschränkt von seinem Hof abwesend sein konnte, belasteten ihn zunehmend die langen Feldzüge, die Rom die Vorherrschaft in Italien brachten (Samnitenkriege), und in noch stärkerem Ausmaß die Kriege in der Phase der Unterwerfung des ganzen Mittelmeerraums, als die teils langdauernden militärischen Operationen in Übersee eine Rückkehr für Aussaat und Ernte oft nicht mehr zuließen. Diese Schwierigkeiten führten dann letzten Endes zur Schwächung und schließlichen Auflösung des Milizwesens.

Für die Zeiten großer Gefahr beriefen die Römer einen außerordentlichen Beamten an die Spitze des Staates, den Diktator. Er war als Notstandsmagistrat allen anderen Beamten übergeordnet, hatte keinen Kollegen und sammelte also in der Zeit der Not alle Kräfte zur Überwindung des die Römer bedrängenden Gegners in seiner Person. Zur Begrenzung der außergewöhnlichen Macht war seine Amtsdauer auf ein halbes Jahr befristet, was in aller Regel zur Niederwerfung des Feindes auch hinreichend war. Die Diktatur ist in den Samnitenkriegen, die oft schwierigste militärische Situationen brachten, zu ihrer späteren Form entwickelt worden, wurde aber nach den beiden großen Punischen Kriegen (letzte Diktatur: 202 v. Chr.) nicht wieder eingesetzt, weil der Weltherrscher Rom keinen äußeren Feind mehr zu fürchten brauchte und die gegenüber ihren eigenen Mitgliedern misstrauisch gewordene Nobilität so außergewöhnliche Macht nicht mehr gern einem einzelnen anvertrauen wollte. Die späteren Diktaturen Sullas und Caesars sind die Konsequenz innerer Unruhen und nach Form und Absicht des Amtes ganz anderer Art: Während der Diktator der älteren Zeit einen äußeren Feind zu bezwingen hatte (*dictator rei gerundae causa*, „Diktator für die Kriegführung"), sollte der spätrepublikanische Diktator den Staat nach inneren Unruhen wieder ordnen und festigen (*dictator rei publicae constituendae*, „Diktator für die Wiederaufrichtung des Staates").

Der Kampf um Italien

Die Unterwerfung Mittelitaliens (Samnitenkriege)

Nachdem im Gefolge des großen Latinerkrieges (340–338) fast alle latinischen Städte in das römische Bürgergebiet hineingenommen worden waren, grenzte Rom unmittelbar an Kampanien, und damit gewannen die Probleme dieser Landschaft automatisch für die außenpolitischen Überlegungen der Römer an Gewicht. Kampanien wurde seit dem 5. Jahrhundert immer wieder von oskischen Stämmen heimgesucht, die von den Bergen in die fruchtbare Ebene drängten. Zahlreiche Städte, wie Capua und Nola, waren von ihnen im Laufe der Zeit besetzt und ‚oskisiert' worden. In der Mitte des 4. Jahrhunderts bedrohten neue Scharen von Auswanderern nicht nur die griechischen Städte, wie vor allem Neapel, sondern auch die in älterer Zeit ‚oskisierten' Städte, deren Bewohner mittlerweile den Trägern der mediterranen Stadtkultur in vielem näherstanden als ihren Verwandten in den Bergen. Das Gefühl der Bedrohung nahm noch zu, als sich verschiedene oskische Völker des Hochapennin, insbesondere die Hirpiner, Pentrer, Cauddiner und Frentaner, zu einem Bund zusammenschlossen. Die Samniten, wie diese Völker mit einem gemeinsamen Namen hießen, bildeten in erster Linie eine Wehrgemeinschaft und haben nur für den Kriegsfall eine effektive Bundesexekutive, also einen gemeinsamen Oberbefehlshaber und ein gemeinsames Heer, besessen. Der Bundeszweck erschöpfte sich demnach in dem von allen getragenen Wunsch nach Eroberung von Land für die wachsende Bevölkerung der Bundesmitglieder.

Rom scheint während der Händel mit den Latinern in die kampanischen Verhältnisse hineingezogen worden zu sein. Capua soll sich bereits 338 mit einer teilweisen Inkorporierung, die der Stadt die innere Autonomie beließ, aber die Wehrkraft der Stadt an Rom band (*civitas sine suffragio*, s.u.), abgefunden haben, weil es sich allein den Oskern nicht mehr zu erwehren vermochte; aber tatsächlich dürfte diese feste Anbindung an Rom einige Jahrzehnte später liegen. Die römische Überlieferung weiß auch von einem ersten Krieg gegen die Samniten zwischen 343 und 341 v. Chr. zu berichten; doch hat der früheste Waffengang mit ihnen kaum vor dem Latinerkrieg gelegen, der vielmehr erst die Voraussetzung für den erweiterten außenpolitischen Horizont schuf. Der Anlass zu dem ersten unstrittig historischen Krieg mit den Samniten ist unklar; doch dürfte ein Hilfegesuch Neapels eine Rolle gespielt haben.

Die nun folgenden Samnitenkriege werden (wegen des legendären ersten Krieges zwischen 343 und 341) als Zweiter (326–304) und Dritter Samnitenkrieg (298–291) gezählt. Tatsächlich jedoch stellen die Jahre zwischen 326 und 291 eine einzige kriegerische Periode dar, in die nach und nach alle Völker Italiens hineingezogen wurden, und auch die anschließenden Kämpfe gegen die Kelten und Etrusker (285–280) sowie der Krieg gegen den König Pyrrhos (280–272), in den erneut die Samniten und die meisten Völker Süditaliens verwickelt wurden, sind mit den vorangehenden Kriegen gegen die Samniten als eine Einheit zu sehen: Das halbe Jahrhundert zwischen 326 und 272 ist eine ununterbrochene Kette politischer, insbesondere kriegerischer Aktionen, an deren Ende die unbestrittene Hegemonie Roms über alle Städte und Völker Italiens steht, und da die Samniten in dieser Zeit immer der Hauptfeind waren und sie dies auch in den kurzen Friedensjahren mit Rom blieben, ist es richtig und angemessen, diesen Zeitraum unter dem Begriff der Samnitenkriege zusammenzufassen.

In dem Krieg gegen die Samniten zeigten sich die Römer den an sie herangetragenen neuen Formen des militärischen und politischen Kampfes zunächst nicht gewachsen. Insbesondere machte ihnen der rein militärische Sektor schwer zu schaffen, denn die Samniten waren nicht nur ein kriegerisches Volk. Die Römer konnten sich vor allem nicht zu einer neuen, dem bergigen Terrain angemessenen Kampfesweise verstehen, und sie waren auch in der Bewaffnung ihrem Gegner unterlegen: Die Phalanx der Römer, deren Hauptwaffe ein langer, in der starren Linie brauchbarer und nützlicher Spieß (*hasta*) war, brach in dem unwegsamen, unebenen Gelände auseinander, und die Teile, die als solche ja keinerlei taktische Funktion hatten, waren dann oft eine leichte Beute der mit kurzen Wurflanzen (*pilum*) und Schwertern ausgerüsteten und in kleineren, beweglichen Formationen kämpfenden Samniten. Die ersten Kriegsjahre endeten daher auch mit einer Katastrophe. Die Römer gerieten im Gebiet der Caudiner in einen Hinterhalt, mussten schmählich kapitulieren (das gesamte römische Heer wurde zu seiner Demütigung von den Samniten unter das Joch geschickt) und Frieden schließen (321). Auch nach Wiederaufnahme des Krieges seit 316 liefen die Operationen nicht viel besser. So entschlossen sich die Römer dazu, den Gegner von einer zweiten Front im Südosten, also von Apulien aus, anzugreifen, wo sie auch Verbündete fanden, und zugleich den mangelnden Erfolg im offenen Felde durch die Anlage einer ganzen Reihe von Festungen (sogenannte latinische Kolonien, *coloniae Latinae*) an der kampanisch-samnitischen Grenze

(u. a. Fregellae, Suessa, Saticula, seit 328) und in Apulien (Luceria, 315), die den römischen Heeren Rückhalt boten und die Samniten zernierten, auszugleichen. Als sich schließlich die erschöpften Gegner i.J. 304 zu einem Friedensschluss bereit fanden, waren die Römer durchaus nicht als Sieger anzusehen, doch hatten sie vor allem durch die Festungspolitik ihre Position in Mittelitalien ausgebaut und sich in der Zwischenzeit in der militärischen Taktik den Samniten besser angepasst: Sie übernahmen das Pilum als neue Hauptwaffe (neben dem Schwert) und lockerten die starre Gefechtslinie durch die Gliederung der Front in Abteilungen (Manipel), die bei Auflösung der Linie auch als taktische Einheit operieren konnten.

Der Friede von 304 bedeutete für die Römer nicht einmal eine Ruhepause. Fast nahtlos schlossen sich Kämpfe gegen nördlich der Samniten sitzende italische Stämme an, durch deren Gebiet die Römer nach Apulien gezogen waren; insbesondere die Sabiner entwickelten sich hier zu einem erbitterten Gegner Roms. Wenn auch etliche Stämme dieser Gegend, unter ihnen die Marser und Päligner, in ein Bundesverhältnis zu Rom traten, war der Kampf hier noch nicht beendet, als der Krieg gegen die Samniten erneut ausbrach (298).

Der neue Krieg nahm von den Lukanern im Südwesten der Halbinsel seinen Ausgang. Nun zeigte sich, dass der Kampf seinen lokalen, in Mittelitalien liegenden Ausgangspunkt längst verlassen und sich zu einem italischen Krieg ausgeweitet hatte, in dem die einzelnen Völker und Stämme, je nach geographischer Lage, Geschichte und augenblicklicher politischer Situation, in Rom einen willkommenen Verbündeten oder einen Gegner sahen. So wandten sich unter anderen die von den Samniten bedrängten Lukaner an Rom, wie andererseits zahlreiche Städte Etruriens und einzelne keltische Stämme die Gelegenheit gekommen sahen, an den Römern Rache zu nehmen, und zunehmend trieb auch viele die Furcht vor der wachsenden Macht Roms, die den politischen Spielraum aller zunehmend einengte, an die Seite der Samniten. In den nun folgenden Jahren schien zeitweise fast ganz Italien gegen die Römer aufzustehen; durchweg war an mindestens zwei Fronten zu kämpfen, im Norden gegen Sabiner, Etrusker und Kelten, im Süden gegen die Samniten, zu denen auch die Lukaner überwechselten. In diesen schweren Jahren bewährten sich die Festungen, zu denen seit den ersten Kriegsjahren immer neue getreten waren. Gegen die Kelten und ihre etruskischen und italischen Bundesgenossen konnte in einer blutigen Schlacht bei Sentinum in Umbrien eine Entscheidung herbeigeführt werden (295). Vor dieser Schlacht, von der viel, wenn nicht alles abhing, soll sich der römische Konsul P. Decius Mus in aller Form den Göttern geweiht, das heißt den Tod gesucht haben, um durch eine formale Devotion an die Götter das gegnerische Heer mit sich ins Verderben zu reißen. Auch im Süden gelangen bald größere Erfolge, und vor allem vervollständigten die Römer ihren Festungsring um das samnitische Gebiet durch die Anlage einer riesigen Festungskolonie, Venusia, in dem Grenzdreieck zwischen Samnium, Apulien und Lukanien; 20 000 Siedler soll Venusia aufgenommen haben (291). So verstanden sich die Samniten endlich zum Frieden (291). Sie mussten zwar kein Gebiet abtreten; die durch den langen Kampf geschwächten Römer konnten ihren langjährigen Feind nicht endgültig beugen, und sie mochten angesichts der gerade bestandenen Gefahren sogar froh sein, diesen Frieden zu erhalten. Aber der Tatbestand, dass Rom seine Stellung behauptet, ja über ganz Italien erweitert hatte, dass es nun überall Festungen und Bundesgenossen besaß, wirkte doch dahin, dass seine Position nach dem Krieg als die einer hegemonialen italischen Macht angesehen werden musste.

Nachdem die Samniten aus der Reihe der Gegner ausgeschert waren, hatte Rom freie Hand gegenüber den noch im offenen Kampf stehenden anderen Städten und Stämmen Italiens; angesichts der neuen politischen Situation mochten die Römer diese Gegner nun bereits als ‚Aufständische' titulieren. Schon ein Jahr nach dem Frieden mit den Samniten wurden die Sabiner endgültig ‚befriedet' (*pacati*), wie die Römer nun bald für die Unterwerfung eines besiegten Gegners zu sagen pflegten; ihre staatliche Souveränität wurde aufgehoben und sie weitgehend in das römische Gebiet inkorporiert (als *cives sine suffragio*, zum Begriff s.u.). Einen schweren Stand hatten die Römer gegenüber den Kelten, die 285 erneut in Italien einfielen. Zunächst wurde ein römisches Heer bei Arretium (Arezzo) in Etrurien vernichtend geschlagen; der kommandierende Konsul kam mit fast dem gesamten Aufgebot um (284). Erst in Südetrurien, nur 60 Kilometer von Rom an dem kleinen Vadimonischen See, konnten die Kelten, zu denen sich zahlreiche etruskische Städte gesellt hatten, geschlagen werden (283). Die siegreichen Römer ließen die keltischen Bojer unbehelligt nach Norden abziehen, die Senonen hingegen verfolgten sie bis in ihr Siedlungsgebiet am Adriatischen Meer zwischen dem heutigen Ancona und Ravenna und vertrieben sie von dort. Das so entvölkerte Land (*ager Gallicus*) wurde zunächst brach liegen gelassen und bildete lange Zeit eine Art Pufferzone zwischen dem von Rom beherrschten Italien und dem Keltenland in Oberitalien. Um 280 herrschte dann auch im Norden Frieden. Die Römer mochten sich nun überall in Italien, das durch die Kriege seit 326 zu einem einzigen kriegerischen und politischen Operationsfeld geworden war, als Herr der Situation fühlen. Die meisten Staaten, die ihre Selbständigkeit hatten bewahren können, waren durch ein vielfältiges Netz von Bündnissen mit Rom verbunden und in ihrer politischen Bewegung eingeschränkt beziehungsweise sogar außenpolitisch fest an Rom angeschlossen worden. Nur wenige Staaten, wie die Samniten in ihrem Kerngebiet und manche griechische Stadt Süditaliens, besaßen noch politischen Spielraum, doch war selbst er durch die übermächtige Stellung Roms begrenzt. Die Römer, so schien es, konnten nun in Ruhe an den Ausbau ihrer herrschaftlichen Stellung gehen. Da brach von außen her, aus dem griechischen Osten, ein neuer Machtfaktor in das gerade einigermaßen fest geknüpfte Herrschaftssystem der Römer ein und erschütterte noch einmal, ein letztes Mal, die Stellung Roms innerhalb der Völker Italiens.

Der Krieg gegen den König Pyrrhos

Im Jahre 282 geriet Rom mit der großen unteritalischen Handelsmetropole Tarent in einen Konflikt, weil die Tarentiner einige römische Schiffe, die friedlich im Hafen von Tarent lagen, überfallen hatten (die Schiffe hätten nach einem alten Vertrag nicht in den Golf von Tarent einfahren dürfen) und weil eine römische Gesandtschaft, welche die Angelegenheit bereinigen sollte, von dem aufgebrachten Stadtvolk schwer beleidigt worden war. Gegen die Römer riefen die Tarentiner, wie schon öfter in früheren Jahren, einen griechischen Kondottiere zu Hilfe. Erst im Jahre 304 hatten sie gegen die Lukaner Kleonymos, den Sohn eines Königs ihrer Mutterstadt Sparta, herbeigeholt; jetzt fiel ihre Wahl auf Pyrrhos, den König der epirotischen Molosser. Pyrrhos war ein ehrgeiziger und begabter Politiker, vor allem aber der bedeutendste Feldherr seiner Zeit und wohl einer der größten in der Antike überhaupt. Sein Ehrgeiz war darauf gerichtet, sich in dem nun schon seit über 40 Jahren in Auflösung begriffenen Alexanderreich eine Herrschaft zu verschaffen, und es hatte dabei für ihn nahegelegen, sich vor allem um den makedonischen Thron zu bewerben. Aber er war nicht der einzige Bewerber, und nach anfänglichen Erfolgen sah er sich von der starken Konkurrenz bald wieder aus dem Feld geschlagen. So nahm er das Angebot der Tarentiner als einen Wink, seine Pläne nach einem griechischen Königtum nun im Westen, bei den Griechen Unteritaliens und Siziliens, verwirklichen zu können.

Pyrrhos landete im Frühjahr 280 in Unteritalien und schlug noch in demselben Jahr ein römisches Heer bei Herakleia am Siris. Der Sieg war teuer erkauft, denn die Verluste waren auch auf der Seite des Pyrrhos groß („Pyrrhos-Sieg"). Manche unteritalische Verbündete, vor allem die Lukaner und Samniten, fielen nun von Rom ab. Als die Forderung des Pyrrhos, dass die Römer einen großen Teil ihrer Bundesgenossen aus dem Bündnis entlassen sollten, abgelehnt wurde, kam es im folgenden Jahr bei Ausculum in Apulien erneut zur Schlacht. Wieder siegte Pyrrhos, doch war auch dieser Sieg durch hohe Verluste geschmälert, und vor allem: Die große Abfallbewegung, die der König nach den Erfahrungen östlicher Kriege erwarten durfte, blieb aus. Es zeigte sich nun, dass das römische Bundesgenossensystem mit seinen abgestuften Verträgen und seinen Festungen, deren Bewohner auf Gedeih und Verderb mit Rom verbunden waren, ein System eigener Art war, an dem die traditionelle Kriegs- und Eroberungspolitik scheiterte. Als dann die griechischen Städte Siziliens Pyrrhos gegen die Karthager zu Hilfe riefen, gab der ungeduldige König den Kampf in Italien vorerst auf. In Sizilien errang er auch schnell große Erfolge, wurde von den Griechen der Insel deshalb enthusiastisch als Befreier gefeiert und zum König ausgerufen. Doch stockte der Krieg vor Lilybaeum, das die Karthager halten konnten, und die politischen und militärischen Maßnahmen des Pyrrhos auf der Insel, die er weitgehend im Stile hellenistischer Herrscher traf, fanden bald die Kritik derjenigen, die ihn gerufen hatten. Als Pyrrhos auch auf Sizilien nicht weiterkam, kehrte er 276 nach Italien zurück, flehentlich gebeten von seinen dortigen Verbündeten, die bereits die Rache der Römer zu spüren bekommen hatten. Im folgenden Jahr schlug er bei Maleventum („dort, wo es schlecht ausging") im Gebiet der Hirpiner die Römer noch einmal (diese machten daraus später einen Sieg und benannten den Ort der Schlacht in Beneventum, „dort, wo es gut ausging", um); aber aus Mangel an Nachschub und auch deswegen, weil ihn manche Bundesgenossen verlassen hatten, vor allem aber weil er einsah, dass hier in Italien gegenüber einem Feind wie den Römern wenig auszurichten war, zog er bereits in demselben Jahre wieder nach Epirus ab. In Griechenland ist er einige Jahre später in Argos im Straßenkampf gefallen (272).

Die Römer hatten nun leichtes Spiel. Die Lukaner und Samniten wurden zuerst unterworfen, besonders die letzteren schwer bestraft; sie hatten auf Grund der alten Feindschaft doppelt zu büßen. Der samnitische Bund wurde aufgelöst und die einzelnen Teile gezwungen, mit Rom Bundesverträge abzuschließen. Ein Teil des Gebietes wurde annektiert und auf ihm einige Jahre später große Latinische Kolonien gegründet (Beneventum, 268, im Süden und Aesernia, 263, im Norden). Zur Kontrolle des unsicheren lukanischen Bundesgenossen wurde ferner eine Latinische Kolonie in der alten griechischen Stadt Poseidonia gegründet (Paestum). Tarent und die anderen griechischen Städte, die zu Pyrrhos gehalten hatten, mussten, wie andere Gegner auch, in ein Bündnis mit Rom eintreten, und damit wurde die gesamte Apenninen-Halbinsel zu einem geschlossenen römischen Herrschaftsgebiet, das die Römer durch die Anlage neuer Festungen und den Bau von Straßen nun konsequent ausbauten. So wurde 267/266 Brundisium als Latinische Kolonie und wichtiger Hafen am Adriatischen Meer gegründet und die große Heer- und Handelsstraße nach Süden, die bereits durch Ap. Claudius Caecus aus rein militärischen Rücksichten bis Kampanien und nach ihm weiter durch Samnium bis Venusia gebaut worden war (sie hieß, römischem Usus entsprechend, nach dem Erbauer der Straße, also hier: *via Appia*), nun über Tarent bis Brundisium weitergeführt (264); sie erhielt auch für den Teil, den Ap. Claudius nicht selbst erbaut hatte, seinen Namen.

Im Pyrrhoskrieg und in den ihm vorausgehenden Samnitenkriegen treten uns zum ersten Male große römische Führerpersönlichkeiten aus dem Dunkel der Geschichte entgegen. Die sich nach den Ständekämpfen neu bildende Nobilität hat sich in diesen Kriegen gefestigt. Viele plebejische Familien, die damals zu Ruhm kamen, legten den Grund für ihre dauerhafte Nobilität, und manche alten patrizischen Geschlechter vermochten ihren Einfluss zu festigen. L. Papirius Cursor aus patrizischem Geschlecht war im Zweiten Samnitenkrieg zwischen 326 und 313 fünfmal Konsul, und sein nicht minder berühmter Sohn brachte es auf zwei Konsulate (293 und 272). Aus dem ebenfalls patrizischen Geschlecht der Fabier gehörte Q. Fabius Maximus Rullianus, ebenfalls fünfmal Konsul (zwischen 322 und 295) und Sieger in der großen Schlacht von Sentinum (295), zu den bedeutendsten Gestalten seiner Zeit, und auch sein Sohn Q. Fabius Maximus Gurges (Konsul 292 und 276) gewann im Dritten Samnitenkrieg und im Pyrrhoskrieg großen Ruhm. Q. Publilius Philo ferner, einer der großen Politiker, die den Ständekampf zu liquidieren halfen, entstammte einem plebejischem Geschlecht, und auch sein militärischer Ruhm war groß. Manche große Feldherrngestalten sind später zu vorbildlichen Charakteren stilisiert und gelegentlich auch als Muster römischer Verhaltensweise soweit schematisiert worden, dass kaum noch die historische Persönlichkeit hindurchscheint. Schon ein Jahrhundert später sind etwa Männer wie

M. Curius Dentatus, der Triumphator über die Sabiner und Befehlshaber in der Schlacht bei Beneventum (Konsul 290, 275 und 274), und C. Fabricius Luscinus (Konsul 282 und 278), der im Pyrrhoskrieg Großes geleistet hatte, zu Sinnbildern römischer Tugend, insbesondere zu *exempla* der Unbestechlichkeit, Schlichtheit, Bedürfnislosigkeit und Aufrichtigkeit erstarrt und einer Nachwelt, in der nicht mehr alles zum besten zu stehen schien, zur Nachahmung vorgehalten worden. Trotz aller Stilisierung stehen viele dieser Nobiles schon klar vor uns, am deutlichsten vielleicht Ap. Claudius Caecus (so wegen seiner späteren Blindheit beigenannt), der trotz aller hohen Ämter – er war zweimal Konsul (307 und 296) und Diktator – vor allem durch seine Zensur berühmt geworden ist (312). In ihr baute er nicht nur die nach ihm benannte Straße und Wasserleitung und trat als Reformer mancher Kulte auf, sondern hat sich offensichtlich auch für minderprivilegierte Gruppen, etwa die Freigelassenen und überhaupt die Grundbesitzlosen, eingesetzt, indem er sie durch eine Aufwertung ihrer politischen Rechte näher an den Staat heranzuführen suchte.

Der Ruhm vieler Männer konnte nicht vergessen machen, dass die Römer Pyrrhos in offener Feldschlacht nicht hatten besiegen können. Ihre Heere waren dabei zwar niemals völlig geschlagen und aufgelöst worden; doch bei aller Tapferkeit und Zähigkeit hatten sie gegen das hellenistische Heer, das damals auf dem Höhepunkt seiner Entwicklung stand, und gegen das militärische Genie eines Pyrrhos offensichtlich keine Chance gehabt. Dass sie den Krieg gewannen, verdankten die Römer nicht dem Umstand, dass sie schließlich mit den Elefanten des Pyrrhos, die sie noch bei Herakleia so erschreckt hatten, fertig geworden sind und auch taktisch manches dazugelernt hatten. Ihre Stärke lag auch nicht allein in ihrer im Vergleich zu anderen Staaten nunmehr bereits großen Zahl: Das Fundament ihrer Stärke und ihres Standvermögens ruhte vielmehr auf der besonderen Konstruktion des römischen Bundesgenossensystems in Italien. Dieses einmalige, in fast zweihundertjähriger Geschichte gewachsene Gebilde, das die Römer im Kampf gegen die italischen Völker entwickelt hatten, erwies sich nunmehr, als es sich zum ersten Male gegen einen auswärtigen Feind zu bewähren hatte, als ein, wenn nicht beinahe unzerstörbares, so auf jeden Fall doch äußerst belastbares Instrument hegemonialer Macht.

Das römische Bundesgenossensystem in Italien

Rom und seine Bundesgenossen in Italien bildeten keinen ‚Bund', denn es gab keinen Bundeswillen und keine Bundesorganisation. Rom war in diesem Verhältnis nicht Partner, sondern Vormacht und die verbündeten Staaten keine Genossen, sondern abhängige Städte und Stämme. Dies drückte sich u. a. sehr scharf darin aus, dass alle Vertragspartner einzeln mit Rom verbunden waren, sie untereinander keinerlei vertragliche Verbindungen besaßen und die Verträge mit Rom unauflöslich waren. Die Bundesgenossen standen aber nicht nur einzeln Rom gegenüber; sie besaßen zudem sehr verschiedene Rechtsstellungen. Die jeweils andere Stellung zu Rom hatte historische Gründe (Verdienste gegenüber Rom, Abfall, hartnäckiger Widerstand oder irgendwelche besonderen römischen Interessen). Aber wie immer das Vertragsverhältnis zustande gekommen war oder wohin es sich entwickelt hatte, im Endeffekt, das heißt nachdem schließlich ganz Italien unter römischer Hegemonie stand, bildete das komplizierte Geflecht doch ein System, das so, wie es war, als brauchbares, beinahe perfektes Instrument der Herrschaft dienen konnte. Wenn daher diesem hegemonialen Machtgebilde von der modernen Forschung das Prinzip des ‚teile und herrsche' (*divide et impera*) unterstellt wird, hat es damit durchaus seine Richtigkeit, obwohl es nicht nach diesem Prinzip zusammengebaut worden war, und es verdient auch den Begriff des ‚Systems', obwohl es nicht als solches entwickelt worden ist. – Die Römer hatten für die Gesamtheit der Beziehungen keinen besonderen Namen. Sie sprachen es durch die Nennung seiner einzelnen Teile an: „Die Römer, die Bundesgenossen und die Latinischen Kolonien", *civis Romanus sociumve nominisve Latini* (*socium* hier = *sociorum*; das *nomen Latinum* ist der latinische Stamm und bezieht sich auf die Latinischen Kolonien). Nach diesen drei Teilen soll das System noch etwas näher vorgestellt werden.

Die Gruppe der Römer selbst setzte sich zusammen aus den Bewohnern der Stadt Rom und den Angehörigen aller in ihr im Laufe der Zeit voll integrierten Städte und Stämme. Das römische Kerngebiet lag in der Mitte des 3. Jahrhunderts im westlichen Mittelitalien und umfasste Latium, Kampanien und einen Streifen, der sich von Rom durch das Sabinerland bis zur Adriatischen Küste hinzog. Das Gebiet hatte, obwohl nur ein Bruchteil Italiens, einen beträchtlichen Umfang. Zahlreiche kleine Städte, meist ehemals selbständige Staaten, die nach der Annexion durch Rom zu abhängigen, nur mit einer geringen Selbstverwaltung ausgerüsteten Landgemeinden herabgedrückt worden waren, befanden sich darin; später nannte man sie *municipium* (von *munera capere*, Pflichten übernehmen). Neben ihnen standen auf dem römischen Kerngebiet einige von Rom aus gegründete kleinere Städte, die als Flottenbasen dienten (zu ihnen gehörte auch Ostia); als neu gegründete Städte erhielten sie den Namen *colonia* und als Kolonien römischen Rechts hießen sie dann *colonia civium Romanorum (maritima)*.

Zum römischen Bürgergebiet wurden auch diejenigen Städte gezählt, die bei Beibehaltung ihrer vollen inneren Autonomie doch insoweit mit dem römischen Staatswesen verbunden worden waren, als ihre waffenfähige Mannschaft wie römische Soldaten in den Bürgerlegionen diente (*civitas sine suffragio*, z. B. Caere, Capua). Vor allem durch das Heer, das als Romanisierungsfaktor wirkte, sowie durch die Ausrichtung des politischen und wirtschaftlichen Gesamtinteresses auf Rom tendierte diese Teilintegration dahin, die Städte immer stärker an den römischen Bürgerverband heranzuführen. Trotz Rückschlägen – Capua fiel im Zweiten Punischen Krieg von Rom ab – verstanden diese Gemeinden ihre Sonderstellung, die ihnen ihre eigenen Institutionen, Rechtsanschauungen und Sprache beließ, bald nicht mehr im ursprünglichen Sinne, nämlich als eine – durch die Belassung relativer Unabhängigkeit innerhalb des römischen Bürgerverbandes – bevorzugte Stellung, sondern erstrebten das volle römische Bürgerrecht, das auch die Teilnahme am politischen Leben in Rom (Abstimmungen in der Volksversammlung; Wählbarkeit zu den Ämtern u. a.) einschloss. Bis zum 2. Jahrhundert sind dann auch die meisten dieser Gemeinden voll in den römischen Staatsverband integriert worden.

Die Gruppe der Latiner (*coloniae Latinae*) umfasste die von Rom aus mit römischen Bürgern (und gelegentlich auch unter Teilnahme von zahlreichen bundesgenössischen Siedlern) etablierten Festungen, deren Bewohner alle einheitlich ein Latinisches Bürgerrecht erhielten. Es gab um 240 v. Chr. 28 solcher Kolonien; ihre Zahl ist bis 180 auf 35 angestiegen. Sie lagen in ihrer Mehrzahl rund um das samnitische Gebiet, standen alle auf Boden, der dem Feind abgenommen worden war, und galten als die Bollwerke (*propugnacula*) Roms in Italien. Die Latinischen Kolonien sind kein Stadttyp, der sich historisch gebildet hat, sondern eine ‚Erfindung‘ der Römer im Sinne einer künstlichen Konstruktion, und sie sprengten mit dem ihnen innewohnenden Grundgedanken die Idee des antiken Stadtstaates zugunsten des Gedankens territorialer Herrschaft: Der Bewohner einer Latinischen Kolonie war nicht nur und nicht einmal in erster Linie Bürger einer bestimmten Stadt, etwa Bürger von

Venusia, sondern vor allem Träger eines Bürgerrechts, das er mit allen anderen Städten eines Typs, eben den Latinischen Kolonien, gemeinsam hatte; ihn charakterisierte also nicht, wie für jeden Bürger einer antiken Stadt selbstverständlich, die Zugehörigkeit zu einer individuellen Stadt mit dem ihr eigenen, unwiederholbaren Rechtskreis, sondern die zu einem Stadttyp: Sein Bürgerrecht gab ihm eine abstrakte, von der einzelnen Stadt absehende Rechtsstellung, deren Sinn gerade in der Aufhebung der städtischen Individualität lag. Die zum Zwecke der militärischen Handlungsfähigkeit mitten im Feindesland gewährte Eigenständigkeit der Latinischen Kolonie konnte ihren Bürgern auch schon deswegen kein besonderes ‚Stadtbewusstsein' vermitteln, weil die meisten Bürger aller dieser Kolonien einmal römische Bürger gewesen waren, die ihr Bürgerrecht lediglich wegen der aus militärischen Rücksichten notwendigen Unabhängigkeit der Kolonie aufgegeben hatten, und weil sie das auch latent blieben: Zog der Bewohner einer Latinischen Kolonie nach Rom zurück, lebte sein altes, römisches Bürgerrecht wieder auf. Die Latinische Kolonie war also eine selbständige Stadt und trotzdem eine nicht nur wegen ihrer exponierten Lage in Feindesland auf Gedeih und Verderb mit Rom verbundene, sondern auch eine ihrem ganzen inneren Wesen und dem Fühlen ihrer Bewohner nach zu Rom gehörige Stadt.

Die Masse der Bundesgenossen (*socii*) waren Städte und Stämme Italiens, mit denen Rom, seien sie Freunde oder besiegte Feinde, im Laufe der Zeit Vertragsverhältnisse eingegangen war. In ihren Bundesverträgen war festgelegt worden, dass sie dieselben Freunde und Feinde haben sollten wie Rom und wie ihr militärischer Beitrag im Falle eines Krieges aussehen sollte. Alle äußeren Beziehungen waren damit auf Rom konzentriert und also die Außenpolitik und Wehrpolitik zugunsten der römischen Vormacht aufgehoben worden; doch blieb die innere Autonomie der Verbündeten, welche die Römer schon wegen des Fehlens eines bürokratischen Herrschaftsapparates gar nicht antasten konnten, gewahrt. Die Bundesgenossen waren folglich abhängige Staaten, deren Unterordnung weniger scharf durch den Bundesvertrag als durch die faktische außenpolitische und militärpolitische Isolierung gegeben war. Manche Bundesgenossen, und zwar solche, die früher besonders erbittert gegen Rom gekämpft hatten, mussten allerdings ihre Untertänigkeit durch die Aufnahme einer Vertragsklausel, welche die Höherstellung (*maiestas*) des römischen Volkes ausdrücklich feststellte (*maiestatem populi Romani comiter conservare*, „die Höherstellung des römischen Volkes pfleglich beachten", Majestätsklausel), auch förmlich zugestehen. Diese Verträge wurden als ‚ungleiche Verträge' (*foedera iniqua*) angesehen.

Die Anzahl der waffenfähigen römischen Bürger betrug im Jahre 225 ca. 273 000 (einschließlich der teilinkorporierten Gemeinden), die der Latinischen Kolonien 85 000 und die der Bundesgenossen 412 000. Römer und Latiner waren folglich, zusammengenommen, den Bundesgenossen zahlenmäßig etwas unterlegen. Das Gebiet der Bundesgenossen war hingegen über doppelt so groß wie das der Römer und Latiner; Mittelitalien, wo sich die Latiner konzentrierten, muss demnach dichter besiedelt gewesen sein. Die Gesamtzahl der in dem hegemonialen System lebenden Menschen hat zu dieser Zeit über 6 Millionen betragen. Von der Zahl der militärisch einsatzfähigen Menschen her gesehen – die Bundesgenossen hatten für einen Feldzug stets genauso viele Soldaten zu stellen wie die Römer – gab es damals im mediterranen Raum nichts, was diesem Machtblock vergleichbar gewesen wäre.

Der Aufstieg Roms zur Weltherrschaft

Der Kampf mit Karthago (264–201 v. Chr.)

Das karthagische Großreich war aus dem Zusammenschluss zahlreicher phönikischer Städte und Handelsfaktoreien im westlichen Mittelmeerbecken entstanden. Dieser Vorgang hing ursächlich mit der griechischen Kolonisation des Westens zusammen, die den phönikischen Händlern den Lebensraum zu entziehen drohte. Die Griechen blieben denn auch nach der Großreichbildung die Gegner der Phöniker, und das Schlachtfeld, auf dem die Gegensätze immer wieder ausgetragen wurden, war die Insel Sizilien, deren westlichen Teil die Karthager gegen alle Angriffe der Griechen halten und zu einem Herrschaftsgebiet ausbauen konnten. Der karthagische Machtbereich umfasste in der Mitte des 3. Jahrhunderts neben dem zentralen Gebiet an der mittleren und westlichen Nordküste Afrikas (heute: Tunesien, Libyen, Algerien und Marokko) und neben dem Westteil Siziliens auch Sardinien und Korsika sowie die Südostküste des heutigen Spanien und einige Punkte an der atlantischen Küste (hier vor allem Gades, heute Cadiz). Der ursprünglich wohl nur lockere Zusammenschluss der Phöniker wurde unter Führung der Stadt Karthago (Karthago heißt phön. Neustadt), einer Gründung von Utica, das seinerseits von Tyrus (im südlichen Libanon) gegründet worden war, zunehmend straffer organisiert, so dass wir von einem ‚Reich' oder einer ‚Herrschaft' sprechen können; doch erstreckte sich der Einfluss nicht sehr weit in das Hinterland hinein: Das karthagische Reich blieb auf das Meer als das für die Phöniker lebenswichtige Medium des Handels ausgerichtet. Der Wille zur Herrschaft auch über weite Territorien blieb dahinter so weit zurück, dass Karthago selbst in seiner Glanzzeit manchen Stämmen sogar des zentralen Herrschaftsgebietes für die Aufrechterhaltung eines friedlichen Zusammenlebens Zahlungen leistete.

Die besonderen Bedingungen der Entstehung des karthagischen Staates spiegelt auch dessen Verfassung wider. Karthago wurde von einer Kaufmannsaristokratie beherrscht und besaß folglich die für alle Aristokratien typischen Institutionen, nämlich jährlich wechselnde, in Kollegien organisierte Beamte, deren höchste die beiden Sufeten („Richter") waren, einen Adelsrat von 300 Personen mit einem regierenden Ausschuss von 30 und den Rat der Hundertvier, letzterer insbesondere als Aufsichtsorgan über die Einhaltung der Verfassung gedacht. Bezeichnend für die aus zahlreichen Handelsplätzen geborene Großmacht war der Unwille, mit dem die Phöniker ihrer Wehrpflicht genügten, und folglich war das Milizwesen nur unvollkommen durchgebildet. Das Heer wurde zu einem nicht geringen Teil aus Afrikanern (vor allem Libyern) und Fremden (Iberern, Kelten, Griechen) angeworben, und da es somit eher ein neben dem Staat stehender als ein in ihn integrierter Verband war, entwickelte es sich zu einem ständigen Unruhefaktor, der unter Umständen sogar für den Staat bedrohlich werden konnte. Auch wenn der karthagische Staat ursprünglich agrarisch ausgerichtet und das Heer vornehmlich aus Bürgern zusammengesetzt gewesen war, wie heute manche Forscher vermuten, bildeten jedenfalls in der Mitte des 3. Jahrhunderts die Söldner ein nicht unwesentliches Element des Heeres. Auch die Militärführung, die selbstverständlich von Karthagern gestellt wurde, war in diesem auf Wahrung der aristokratischen Gleichheit gerichteten Staat nicht unproblematisch; denn sie war nicht nur übermächtig, sondern vertrat oft eine dynamische Militärpolitik, die den Frieden der Stadt, insbesondere auch den Überseehandel störte und vielen vornehmen Karthagern darum, auch abgesehen von ihrem übermächtigen Einfluss, ein Dorn im Auge war. Da Sizilien das Zentrum des Kampfes gegen die Griechen bildete, war die Masse des Militärs dort ständig stationiert, und nur diese Trennung von staatlichem und militärischem Zentrum setzte das Risiko eines Zusammenstoßes des Militärs mit der herrschenden Aristokratie auf ein erträgliches Maß herab.

Zwischen Rom und den Karthagern gab es zunächst keine Interessenkollisionen. Rom war eine Landmacht und im Handelsleben der Mittelmeerwelt kaum engagiert. Gegen die Griechen hatten sich beide Mächte sogar oft zusammengetan, und auch im Pyrrhoskrieg hatte man noch Seite an Seite gekämpft. Nach der Hineinnahme von ganz Unteritalien in das römische Bundesgenossensystem schien Rom auch zunächst saturiert und seine Kraft absorbiert zu sein. Allerdings erbten die Römer als Hegemon der griechischen Städte Unteritaliens auch deren Interessen, und zumindest von daher waren Zusammenstöße in der Zukunft absehbar.

Der erste Krieg mit Karthago entzündete sich an den Händeln mit den kampanischen Söldnern oskischer Herkunft, die, nach dem Tode des syrakusanischen Herrschers Agathokles brotlos geworden, sich der Stadt Messana (Messina) bemächtigt hatten. Die *Mamertini* („Marssöhne") genannten Söldner, der Schrecken aller Griechen Siziliens, waren

269 von Hieron II., dem Herrscher und dann König von Syrakus, am Longanos-Fluss geschlagen worden und riefen nun zunächst die Karthager zu Hilfe. Nachdem sie die erbetene karthagische Besatzung gegen den Willen der karthagischen Heeresleitung wieder zum Abzug gedrängt hatten und daraufhin auch von den Karthagern belagert wurden, baten sie, die nun von Karthagern und Syrakusanern zugleich bedrängt wurden, im Jahre 264 die Römer um Unterstützung. Die Konsuln, insbesondere der ehrgeizige Ap. Claudius Caudex, scheinen einen schwankenden Senat mit Hilfe der Volksversammlung zur Annahme des Hilfegesuchs gedrängt zu haben. Die Konsuln und Soldaten mochte die Aussicht auf Ruhm und leichte Beute im reichen Sizilien in den Krieg geführt und die Masse der Senatoren in dem Konflikt mit Syrakus eine begrenzte militärische Unternehmung gesehen haben, welche diese früher durchaus auch aggressive, mächtigste Stadt des griechischen Westens schwächte und sie von den gerade unter die römische Hegemonie gekommenen unteritalischen Griechenstädten fernhielt; eine Erweiterung des Bundesgenossensystems durch die an der anderen Seite der Meerenge liegende Stadt Messana mochte darum, ganz abgesehen von der Militärführung, auch die Mehrheit des Senats als wünschenswert erachten.

Hieron wurde schnell besiegt, und er schloss daraufhin Frieden mit den Römern. Die Karthager aber ließen sich nicht zu einer Regelung herbei, sondern mit ihnen entbrannte nun ein mehr als zwanzig Jahre währender Kampf, der beide kriegführenden Mächte an den Rand der Erschöpfung brachte. Für den Tatbestand, dass sich weder die Römer noch die Karthager aus dem zunächst offensichtlich begrenzten Konflikt zu lösen vermochten, gab es für beide Seiten gewichtige Gründe. Die Römer konnten sich mit Rücksicht auf ihr gerade vollendetes Bundesgenossensystem in Italien keine Niederlage leisten; Rückwirkungen auf Italien wären unausbleiblich gewesen. Die sofort einsetzenden Aktivitäten der karthagischen Flotte vor der italischen Küste schienen denn auch derartige Befürchtungen sofort in den Bereich der Möglichkeiten zu rücken. Die Karthager fühlten sich ihrerseits in dem Gebiet angegriffen, um das sie jahrhundertelang gekämpft hatten und in dem darum auch ihre militärische Hauptmacht stand: Die Römer waren, ohne dass es ihnen zunächst vielleicht voll bewusst gewesen war, in das machtpolitische Zentrum des karthagischen Reiches gestoßen.

Der Krieg begann für die Römer erfolgreich. Auf Sizilien wurden Fortschritte erzielt und vor allem auch zur See ein glänzender Sieg bei Mylae an der Nordostküste Siziliens errungen (260). Die Römer hatten nämlich eine Flotte gebaut und diese mit einer für die Landmacht Rom typischen Neuerung ausgerüstet: Sie befestigten an ihren Schiffen große, mit einem Haken versehene Enterbrücken (von dem Widerhaken *corvus,* „Rabe", genannt), auf denen die römischen Legionäre das feindliche Schiff stürmen konnten, und übertrugen so den gewohnten Kampf zu Lande auf das neue Operationsgebiet. Der Sieger der großen Seeschlacht war der Konsul C. Duilius. Im Jahre 259 wurde auch Korsika erobert. Aber dann scheiterte ein groß angelegtes Landeunternehmen in Afrika, durch das man den Krieg mit einem Schlag beenden wollte; der Konsul M. Atilius Regulus wurde nach anfänglichen Erfolgen auf afrikanischem Boden geschlagen und geriet selbst in Gefangenschaft (256); im nächsten Jahre verließen die Römer daher Afrika wieder. Auch in den folgenden Jahren schloss sich ein Misserfolg an den anderen. Bisweilen aus Unerfahrenheit, gelegentlich sogar durch die Missachtung primitivster Regeln der Nautik von seiten der römischen Befehlshaber, gingen nach 254 in einem guten halben Jahrzehnt vier römische Flotten verloren. Schließlich erstarrte der Kampf in einer Art Stellungskrieg im Westen Siziliens, bei dem es um die Bergfestungen Heirkte bei Panormus (Palermo) und Eryx (Erice) bei Drepanum (Trapani) ging. Auf seiten der Karthager hatte jetzt der tüchtige Hamilkar Barkas das Oberkommando inne; die beiden letzten Stützpunkte der Karthager, Lilybaeum (Marsala) und Drepanum, konnten durch ihn gehalten werden. In der allgemeinen Erschöpfung rafften sich die Römer dann zu einer letzten Anstrengung auf und bauten in der richtigen Erkenntnis, dass nur die Herrschaft zur See eine Entscheidung bringen konnte, eine neue große Flotte. Diese schloss die letzten Bastionen der Karthager ein und vernichtete unter Führung des Konsuls C. Lutatius Catulus eine karthagische Entsatzflotte bei den Ägatischen Inseln (241). Daraufhin verstand sich Karthago zu einem Frieden. Neben der Zahlung einer großen Kriegskontribution und der Auslieferung aller Gefangenen musste es ganz Sizilien und die zwischen Sizilien und Italien gelegenen Inseln – es waren offensichtlich die Liparischen Inseln gemeint (nicht Sardinien und Korsika) – räumen.

Die Römer organisierten Sizilien nach einem kurzen Provisorium als ein reines Herrschaftsgebiet; die Insel wurde also nicht an das italische Bundesgenossensystem angeschlossen, sondern in der Nachfolge der Karthager herrschaftlich verwaltet. Seit 227 wurde für Sizilien eigens eine Statthalterschaft eingerichtet; der *praetor* genannte Beamte war eine Art jährlich wechselnder Vizegouverneur mit voller ziviler und militärischer Gewalt. Aus dem Herrschaftsgebiet – es hieß technisch *provincia,* was eigentlich Aufgabenbereich eines Beamten bedeutet – war zunächst das Königreich Hierons noch eximiert. Als die Karthager infolge eines Aufstandes der nach Afrika zurückgenommenen Söldner geschwächt waren und sich die Unruhe auf Sardinien ausdehnte, besetzten die Römer auch Sardinien (237) und vereinigten die Insel mit Korsika zu einem zweiten Militärbezirk, der 227 ebenfalls einem besonderen Statthalter unterstellt wurde. Die Karthager mussten zähneknirschend offiziell in die Abtretung einwilligen.

Mit der Eroberung Siziliens hatte sich die Qualität der römischen Außenpolitik verändert: Die römische Politik musste von nun an notwendig den gesamten Mittelmeerraum im Blick haben. Der römische Senat war jedoch zunächst noch weitgehend in seiner alten, auf Italien konzentrierten Politik befangen. Der Raub Sardiniens – anders kann man die Besetzung der Insel wohl nicht bezeichnen – ist auch nicht als das erste Anzeichen eines imperialistischen, auf Eroberung und Herrschaft gerichteten Denkens, sondern als die Reaktion eines nach den Gefahren des großen Krieges ängstlich gewordenen Senats anzusehen, der vor der Haustür eine latente karthagische Flottenbastion beseitigen wollte. Ebenso waren die Händel mit der kleinen, aber dynamischen illyrischen Herrschaft an der dalmatinischen Küste von italischen Interessen getragen: Das sich nach Süden in das griechische Siedlungsgebiet hin ausdehnende Reich des Königs Agron und seiner Gemahlin und Nachfolgerin Teuta (seit 230) bedrohte mit seinen ausgezeichneten kleinen Kaperschiffen den Handel des Adriatischen Raums und schädigte nicht nur die griechischen Städte an der Ostküste des Adriatischen Meeres, die bis nach Korkyra (Korfu) hin unmittelbar bedroht waren, sondern auch die Griechenstädte Unteritaliens. Ein römisches Expeditionsheer, das kaum auf Widerstand stieß, zwang Teuta, sich künftig Aktionen südlich der Stadt Lissos (Lesh an der Drina-Mündung/Albanien) zu enthalten (228). Zahlreiche griechische Städte der epirotischen Küste, insbesondere Korkyra und Epidamnos, betrachteten sich von nun an als Schutzbefohlene der Römer. Als später Demetrios, Dynast der dalmatinischen Insel Pharos, in die Fußstapfen der Teuta treten wollte und das Adriatische Meer erneut durch Piratenfahrten verunsicherte, sandten die Römer wieder ein Heer an die dalmatinische Küste (219). Demetrios floh zu Philipp V. von Makedonien, der wegen seiner griechischen Händel die Aktionen der Römer trotz ihrer Nähe zum makedonischen Einflussgebiet zunächst nicht stören konnte oder wollte; doch verhinderten die mit den Karthagern erneut ausbrechenden Feindseligkeiten weitere römische Aktivitäten.

Auch ein anderes Operationsfeld dieser Zeit zwischen den beiden Punischen Kriegen (punisch = karthagisch/phönizisch von lat. *Poeni*) steht noch ganz in der Nachfolge italischer Politik. Die keltischen Stämme Oberitaliens, gestärkt durch Zuzüge aus Gebieten jenseits der Alpen, wurden erneut unruhig und fielen schließlich sogar in das Gebiet des römischen Herrschaftseinflusses ein. Sie konnten jedoch bei Telamon in Etrurien im Jahre 225 vernichtend geschlagen werden, und im Zuge eines Gegenangriffs unterwarfen die Römer dann bis 222 alles Gebiet zwischen den Apenninen und dem Po. Auch nördlich des Flusses wurden sie aktiv; 222 konnte Mediolanum (Mailand) erobert werden. Die Römer begannen auch schon, das eroberte Gebiet nach altbewährtem Muster durch die Anlage von Festungen (Placentia und Cremona, 218) und den Bau von Straßen (*via Flaminia* von Rom durch das Apenninen-Massiv nach Ariminum) abzusichern, als der Einfall Hannibals in Oberitalien allen weiteren Unternehmungen ein Ende setzte.

Für die Karthager war es nach dem verlorenen Krieg lebenswichtig, sich neue Handelsräume zu öffnen und vor allem auch – das hatte der nur mühsam niedergeschlagene Söldneraufstand gezeigt – für das Heer und seine Führung, die bis dahin auf Sizilien stationiert gewesen waren, ein neues Betätigungsfeld zu finden. Der auf Sizilien so erfolgreiche Hamilkar Barkas begann denn auch als offizieller karthagischer Stratege seit 237 die Pyrenäen-Halbinsel zu unterwerfen, deren Südostküste bereits seit langem zum karthagischen Einflussbereich gehörte und die den Karthagern u. a. durch umfangreiche Söldner-Anwerbungen gut bekannt war. Nach seinem Tode (229/228) setzte sein Schwiegersohn Hasdrubal das begonnene Werk vor allem durch den Einsatz diplomatischer Mittel fort. Hasdrubal heiratete eine Iberin und gründete als Zentrale des neuen Herrschaftsraums Neukarthago (Carthago Nova, Cartagena). Durch ihn erhielt Spanien den Charakter einer barkidischen Sekundogenitur des karthagischen Reiches. Die Römer beobachteten die Eroberung Spaniens mit Zurückhaltung, stets gut informiert durch Massalia, das in Südgallien und Nordostspanien zahlreiche Handelsfaktoreien besaß und um seinen Handelsraum fürchtete. Im Jahre 226 vereinbarte schließlich eine römische Gesandtschaft mit Hasdrubal eine Demarkationslinie, über die der karthagische Bereich nicht hinausgehen sollte; in einem förmlichen Vertrag setzte man als Grenzlinie des Einflusses den Ebro fest (nach Meinung der meisten Historiker der große, noch heute so benannte Fluss in Nordspanien, doch wird auch der Segura südlich von Alicante erwogen), und das mochte auch mit den massiliotischen Interessen übereinstimmen. Dass die Römer hier mit Hasdrubal anstatt mit Karthago verhandelten, zeigt deutlich die Sonderposition der Barkiden in Spanien. Nach dem Tode Hasdrubals (221) wurde der 25jährige Sohn Hamilkars, Hannibal, dessen Nachfolger. Dieser setzte die kriegerischen Operationen seines Vaters energisch fort und bemächtigte sich u. a. nach achtmonatiger Belagerung im Spätherbst 219 der Hafenstadt Saguntum, die südlich der Mündung des (nördlichen) Ebro lag und schon aus der Zeit vor dem Ebrovertrag mit Rom verbündet war. In der Forschung ist umstritten, ob die Eroberung Sagunts die Römer zur Kriegserklärung veranlasste, wie diese es später darstellten und damit den Krieg, weil wegen eines Bundesgenossen geführt, als einen ‚gerechten' (*bellum iustum*) hinstellten, oder ob die Überschreitung des Ebro durch Hannibal und also die Verletzung des Ebrovertrages nicht eher der unmittelbare Anlass für ihr Einschreiten bildete. Wie immer es damit steht: Die Römer waren offensichtlich entschlossen, den karthagischen Expansionsdrang in Spanien zu bremsen. Als eine römische Gesandtschaft in Karthago die Auslieferung Hannibals verlangte und die Karthager das ablehnten, damit also das Verhalten Hannibals deckten, erklärten die Römer den Karthagern den Krieg. Die Römer haben diesen ihren größten und für die weitere Geschichte der Mittelmeerwelt folgenreichsten Krieg demnach nicht als Angegriffene begonnen. Denn mag auch Hannibal römische Rechte verletzt haben, so dienten seine Operationen doch nicht einem Angriff auf Rom, sondern der Arrondierung der karthagischen Herrschaft in Spanien und – das berührte allerdings die Römer – einer Stärkung Karthagos nach dem Verlust seiner sizilischen Besitzungen. Nicht die eher etwas hergeholten Rechtsverletzungen Hannibals (wenn sie das denn überhaupt waren), sondern die Dynamik der barkidischen Expansion in Spanien ist demnach als die Ursache der römischen Intervention anzusehen: Der Zweite Punische Krieg war die Konsequenz eines nüchternen politischen Kalküls der Römer, nach dem eine Ausdehnung der karthagischen Macht bis in die Nähe des südgallischen Raumes, und das heißt in die Nähe der von Rom gefürchteten keltischen Stämme, nicht erwünscht war.

Hannibal, neben Caesar wohl der genialste Feldherr der Antike, beantwortete die römische Kriegserklärung mit einem Gewaltmarsch nach Italien. Er nahm nur ein verhältnismäßig kleines Heer von ca. 50 000 Fußsoldaten und 10 000 Reitern sowie etliche Elefanten mit sich und überließ das noch unbefriedete Spanien seinem Bruder Hasdrubal mit den dort verbliebenen Kräften. In Eilmärschen zog er durch Südgallien, überschritt die Rhône und durchquerte die Alpen über einen Pass südlich des Mt. Cenis. Er hatte auf seinem Marsch fast die Hälfte seines Heeres verloren; doch mit dem Rest, gestärkt durch schnell angeworbene keltische Kontingente aus Oberitalien, stellte er nun eine ernsthafte Bedrohung für Rom dar. Noch im Jahre 218 schlug er die Römer in einer Reiterschlacht am ticinus und mitten im Winter das gesamte römische Aufgebot an der trebia in Oberitalien. Durch die Initiative Hannibals wurde die römische Strategie völlig über den Haufen geworfen. Der Senat hatte zur Bekämpfung Hannibals ein Heer nach Spanien entsandt, ein anderes nach Sizilien, um von dort aus Karthago direkt anzugreifen. Das spanische Expeditionsheer der Römer zog zwar trotz der direkten Bedrohung Italiens durch Hannibal nach Spanien weiter, doch musste sich die römische Kriegführung nun auf Italien als den entscheidenden Kriegsschauplatz konzentrieren. Im nächsten Jahre 217 stellte der Senat denn auch ein großes konsularisches Heer auf und unterstellte es dem Konsul C. Flaminius; doch der ließ sich, allzu sehr auf seine Stärke vertrauend, am trasimenischen See in eine Falle locken und fand mit einem großen Teil seines Heeres den Untergang. Durch diesen Fehlschlag gingen die Römer zunächst zu einer defensiven taktik über, in der ihre eigentliche Stärke lag. Aber als Hannibal dann nach Süditalien zog und also mitten im Bereich der Bundesgenossen operierte, die z. T. noch nicht lange unterworfen waren, entschloss sich der Senat erneut zur Offensive. ein gewaltiges doppelkonsularisches Heer von über 80 000 Mann wurde aufgestellt; ihm trat Hannibal mit ca. 50 000 Mann, aber überlegen in der Reiterei, bei Cannae in Apulien entgegen. Die Römer, durch die Niederlagen der letzten Jahre verunsichert, hatten offenbar die wenig einfallsreiche, aber in ihrer Lage bezeichnende Idee, das karthagische Heer mit ihrer Masse niederzuwalzen. Dem stellte Hannibal eine durchdachte strategische Konzeption gegenüber: In einer klassischen Umfassungsschlacht kreiste er die Römer von allen Seiten ein und ließ sie so an ihrer eigenen Masse zugrunde gehen. Am Abend war das gesamte römische Heer vernichtet; nur Reste entkamen dem Blutbad. In ganz Italien gab es keine einzige römische Heeresabteilung mehr, die diesen Namen verdiente. Auch nach Cannae blieb das römische Bundesgenossensystem im großen und ganzen intakt, und alle Versuche Hannibals, durch eine freundliche Behandlung seiner italischen Gefangenen das System zu brechen, schlugen fehl. Zwar fielen etliche Bundesgenossen in Süditalien ab, und vor allem ging Capua, die mächtigste Stadt Kampaniens, die Teil des römischen Bürgerverbandes war, zu Hannibal über. Auch Syrakus wechselte nach dem Tode Hierons im Jahre 215 die Partei, und Hannibal gewann 215 in Philipp V. von Makedonien, der den Römern wegen deren illyrischen Engagements gram war, einen mächtigen Verbündeten. Aber alle Latinischen Kolonien und die meisten Bundesgenossen blieben treu, und auch die römische Volkskraft war trotz der schrecklichen Verluste noch nicht gebrochen. Der Senat verweigerte alle Verhandlungen mit Hannibal und hob neue Truppen aus.

Die Römer retteten sich über die schwierige Phase des Krieges durch die konsequente Verfolgung zweier Strategien. Einmal kehrten sie gegenüber Hannibal in Italien trotz aller damit verbundenen Schwierigkeiten zu einer defensiven Strategie zurück; für sie stand stellvertretend Q. Fabius Maximus, der wegen seiner strategischen Konzeption Cunctator („Zögerer") beigenannt wurde. Zum anderen wurden sie an zahlreichen Nebenkriegsschauplätzen aktiv, durch die sie u. a. Hannibal von jeglichem Nachschub abzuschneiden suchten: Auf Sizilien eroberte M. Claudius Marcellus 212 Syrakus, in Spanien konnten sich die Römer trotz einer schweren Niederlage der Brüder P. und Cn. Cornelius Scipio im Jahre 211 halten, und in Griechenland gelang es ihnen, durch die Aufnahme von Verbindungen zu den Feinden Makedoniens den König Philipp von einer aktiven Teilnahme am italischen Kriegsschauplatz fernzuhalten. Um jeden weiteren Abfall zu unterbinden, bemühten sie sich aber vor allem um die Eroberung Capuas, das sie in langen Kämpfen einkreisten und schließlich – trotz eines Entlastungsangriffs Hannibals auf Rom im Jahre 211 (*Hannibal ante portas!*) – einnahmen. 209 fiel auch das abgefallene Tarent durch Verrat wieder an die Römer. Als schließlich im Jahre 207 Hasdrubal mit einem Entsatzheer aus Spanien in Oberitalien erschien, um das Blatt noch einmal zu wenden, konnten die nun sicherer gewordenen Römer ihm auf der inneren Linie schnell das gesamte römische Aufgebot entgegenwerfen, ihn am Metaurus (Fluss zwischen Ariminum und Ancona) vernichtend schlagen – Hasdrubal wurde getötet – und wieder in ihre defensive Stellung in Süditalien zurückeilen, ehe Hannibal noch die Situation so recht begriffen hatte. Damit war nun Hannibal, obwohl im offenen Felde unbesiegt, in der Defensive.

In diesen Jahren fand das zähe Aushalten der Römer seinen Lohn. Zunächst setzten sie sich auf allen Nebenkriegsschauplätzen endgültig durch. Von 211–206 vertrieb P. Cornelius Scipio, der Sohn des in Spanien gefallenen P. Scipio, die Karthager aus Spanien; aus der barkidischen schien Spanien in die Herrschaft der Scipionen übergegangen zu sein. Auch Sizilien war längst von Feinden frei, und 205 schloss Philipp V. mit den Römern einen Separatfrieden. In dem Streit der Nobiles um die künftige römische strategische Konzeption in Italien setzte sich dann der aus Spanien zurückgekehrte Scipio mit einem Offensivplan durch: In seinem Konsulat im Jahre 205 erhielt er Sizilien als Provinz, setzte 204 als Prokonsul von dort nach Afrika über und schlug die Karthager, unterstützt von dem numidischen König Massinissa, in offenem Felde. Hannibal, von der karthagischen Regierung auf Grund eines mit den Römern abgeschlossenen Waffenstillstandes nach Afrika zurückgerufen, verließ daraufhin Italien (203), begann dann aber in Afrika erneut den Krieg. Im nächsten Jahre wurde er jedoch bei Zama von Scipio geschlagen. Scipio, der die Taktik der gelockerten Linie und den Gedanken der strategischen Reserve weiterentwickelt und so das römische Heerwesen an die hohe, von Hannibal so meisterhaft beherrschte Kriegskunst des hellenistischen Ostens angepasst hatte, bewies in dieser Schlacht, dass die Römer aus Cannae gelernt und wieder zu sich selbst gefunden hatten.

Die Karthager mussten nun unter Bedingungen Frieden schließen, die sogar die Souveränität ihres Staates in Frage stellten. Sie hatten auf alle Besitzungen außerhalb Afrikas zu verzichten, mussten in Afrika ein selbständiges, vergrößertes und geeintes numidisches Reich unter Massinissa dulden, der künftig als eine Art Aufpasser der Römer fungierte, mussten bis auf 10 Schiffe die ganze Flotte ausliefern und eine gewaltige Kriegskontribution zahlen. Schließlich wurde ihre außenpolitische Handlungsfreiheit formell noch dadurch eingeschränkt, dass jede Kriegführung außerhalb Afrikas verboten, solche innerhalb Afrikas von der Zustimmung der Römer abhängig gemacht wurde. Das so lange und erbittert umkämpfte Spanien aber behielten die Römer, um es 197 in zwei Provinzen zu teilen und, wie Sizilien und Sardinien, ordentlichen Statthaltern zu unterstellen; es sollte allerdings noch Generationen dauern, bis die iberische Halbinsel als befriedet gelten konnte.

Rom und der griechische Osten (200–168 v. Chr.)

Die Verflechtungen Roms mit der griechischen Religion und Geistigkeit waren vielschichtig und hatten bereits früh, in den Anfängen der Stadt, eingesetzt. Hatten sie in der älteren Zeit vor allem indirekt, über die Etrusker, gewirkt, ergaben sich mit dem Ausgreifen Roms nach Unteritalien und, in den karthagischen Kriegen, nach Sizilien direktere und engere Bindungen. Seit der Mitte des 3. Jahrhunderts begann schließlich zaghaft eine römische Literatur. An bodenständige dramatische Aufführungen anknüpfend entstehen zunächst Übersetzungen griechischer Werke. Livius Andronicus, der ganz am Anfang der Entwicklung steht, übertrug zahlreiche griechische Tragödien ins Lateinische und übersetzte sogar die Odyssee. In einer erstaunlich raschen Folge erschließen römische Literaten weitere Gattungen und greifen zunehmend auch nationale Themen auf. Naevius schuf, im alten Saturnierversmaß, ein Epos über den Ersten Punischen Krieg, und in den siebziger Jahren des 2. Jahrhunderts schilderte Ennius die gesamte römische Geschichte in seinem Epos *annales* in Hexametern. Vor allem begann noch gegen Ende des 3. Jahrhunderts eine reiche historiographische Literatur. Als erster stellte der Senator Q. Fabius Pictor um 200 die Geschichte Roms von den mythischen Anfängen bis zum Hannibalkrieg in griechischer Sprache dar. In der Mitte des 2. Jahrhunderts setzte sich eine römische Geschichtsschreibung in lateinischer Sprache durch, die den Stoff nach Jahren anordnete (Annalistik). Einen ersten Höhepunkt erreichte die römische Literatur im frühen 2. Jahrhundert mit der Blüte der römischen Komödie – ihre Hauptvertreter waren Plautus und der etwa eine Generation jüngere Terentius – und mit M. Porcius Cato, dem großen politischen Gegner des älteren Scipio. Er schrieb eine Gründungsgeschichte der italischen Städte, die durch ihren Bezug auf ganz Italien und die Unterdrückung individueller Namen zugunsten der kollektiven Leistung der Römer und ihrer Bundesgenossen politisches Programm war; wegen seiner regen rednerischen Tätigkeit – Cicero kannte noch 150 Reden von ihm – und seines auf die großen griechischen Vorbilder rekurrierenden, aber in seiner Lebhaftigkeit und Bodenständigkeit durchaus eigenständigen Stils kann Cato als Begründer der römischen Rednerkunst gelten.

Unmittelbar im Anschluss an den großen Krieg gegen die Karthager zogen die Römer gegen eine der drei Großmächte des griechischen Ostens zu Felde. Ein oberflächlicher Betrachter könnte aus der reinen Verknüpfung der Ereignisse schließen, dass die Römer nach der Eroberung des Westens nun an die Niederwerfung der griechischen Staaten im Osten gingen und ihnen also spätestens jetzt die Weltherrschaft als politisches Ziel vorschwebte. Tatsächlich liegen die Dinge nicht so einfach. Mit dem König Philipp V. von Makedonien waren die Römer schon vor Ausbruch des Hannibalkrieges im illyrisch-adriatischen Bereich aneinander geraten, wo hinter dem Dynasten Demetrios der makedonische Herrscher gestanden hatte, und während des Krieges hatte Philipp sogar als regulärer Bundesgenosse der

Karthager gekämpft. Musste deshalb Philipp schon von daher in den Augen der Römer als ein potentieller Gegner erscheinen, gelangten in den Jahren vor Ausbruch des Krieges Nachrichten aus dem Osten nach Rom, die das bereits vorhandene Feindbild noch schärften: Nach dem Tode des Königs Ptolemaios IV. Philopator (205/204) erlebte das bereits angeschlagene Ptolemäerreich (Ägypten) unter der Minderjährigkeitsregierung Ptolemaios V. Epiphanes eine Zeit großer Schwäche. Das unter Antiochos III. aufstrebende Seleukidenreich nutzte diese Zeit, um gemeinsam mit dem Makedonenkönig über die zahlreichen ptolemäischen Außenbesitzungen an den Meerengen, in der Ägäis und in Kleinasien herzufallen; Antiochos marschierte sogar in das südliche Syrien ein. Die antike Historiographie weiß von einem formellen Teilungsvertrag zwischen Antiochos und Philipp zu berichten, der ca. 203/202 abgeschlossen worden sein soll; aber die Könige dürften sich auch ohne formellen Vertrag verständigt haben. Die Verlierer des Raubkriegs waren neben dem Ptolemäer die griechischen Mittelstaaten des Raums, insbesondere Pergamon unter Attalos I. und die Inselrepublik Rhodos, die um territoriale und wirtschaftliche Interessen fürchten mussten. Sie informierten denn auch den römischen Senat und wussten die formelle oder faktische Koalition der beiden hellenistischen Großreiche in den düstersten Farben auszumalen. Der Senat war in griechischer Politik noch wenig bewandert, aber das Gespenst einer großen Koalition, wie man sie im Hannibalkrieg erlebt hatte, schien vor Augen zu stehen. So entschloss er sich zum Krieg. Der kriegsmüden römischen Volksversammlung musste allerdings erst mit einigem Druck nachgeholfen werden (Zweiter Makedonischer Krieg).

Philipp lehnte mit dem guten Recht der politischen Logik seiner Zeit das Ansinnen der Römer ab, seine Eroberungen herauszugeben und sich wegen seines Streites mit dem Pergamener und den Rhodiern einem Schiedsgericht zu unterwerfen. So war der Waffengang unvermeidlich. Ein römisches Heer von zwei Legionen – eine im Verhältnis zu den Truppenaufgeboten des Hannibalkriegs winzige Streitmacht – landete in Apollonia (200) und suchte nach Makedonien bzw. Thessalien vorzudringen. Doch die Operationen waren ungeschickt geleitet und ohne Kraft; erst als 198 T. Quinctius Flamininus das Kommando übernahm, kamen sie in Fluss. Flamininus bereitete den Krieg in Griechenland diplomatisch so geschickt vor, dass vor der Entscheidungsschlacht mit ganz wenigen Ausnahmen alle Griechen auf seiten der Römer standen; gegen das verhasste Makedonien, das seit den Tagen Philipps II. eine hegemoniale Stellung in Griechenland beanspruchte und praktizierte, waren sich nun alle einig. In der Ebene Thessaliens, bei Kynoskephalai, wurde Philipp im Frühsommer 197 entscheidend geschlagen und zum Frieden gezwungen.

Der Makedonenkönig musste in dem Frieden alle seine Besitzungen in Kleinasien und Europa außerhalb Makedoniens, insbesondere auch die als die drei ‚Fesseln' Griechenlands bezeichneten makedonischen Stützpunkte Demetrias, Chalkis und Akrokorinth, räumen und seine Flotte bis auf wenige Schiffe ausliefern. Alle auf diese Weise aus der makedonischen Herrschaft gelösten Städte wurden von Flamininus an den Isthmischen Spielen des folgenden Jahres 196 für „frei und autonom" erklärt. Mit dieser Formel, die in der griechischen Vergangenheit stets gegen hegemoniale Ansprüche ausgesprochen und also ein vertrautes, ja eigentlich damals bereits abgegriffenes politisches Schlagwort war, erhielten die griechischen Städte eine Unabhängigkeit, von der nach der Struktur der Durchschnittsstadt kaum eine auch wirklichen Gebrauch machen konnte: Die griechische Stadt war auf eine außenpolitische Abstützung angewiesen. So jubelten die Griechen zwar den Römern als ihren Befreiern zu, erklärten Flamininus zu ihrem Retter, und die Smyrnäer errichteten sogar der Stadt Rom (*urbs Roma*) den ersten Tempelkult. Aber es war klar, dass lediglich der neue Herr gesucht war, und der konnte, was die wenigsten Griechen schon klar überschauten, nach Lage der Dinge nur der Römer sein. Flamininus blieb denn auch noch einige Jahre in Griechenland, nachdem die Masse des römischen Heeres bereits wieder nach Italien zurückgekehrt war. Erst 194 verließ auch er die Griechen, die keineswegs alle zufrieden waren, hatte doch jeder die vollkommene Erfüllung der jeweils eigenen Wünsche erhofft.

Nur wenige Jahre später zogen die Römer gegen die zweite hellenistische Großmacht, gegen das Seleukidenreich unter Antiochos III., zu Felde. Dieser Krieg ist als unmittelbare Folge des Sieges über den Makedonenkönig anzusehen, sofern das durch die Beseitigung der Großmachtstellung Makedoniens entstandene politische Vakuum in Griechenland nach den Gesetzen der hellenistischen Politik von den verbleibenden Großmächten auszufüllen war: Den Raum, den die Römer in Griechenland zurückgelassen hatten, wollte Antiochos füllen; aber er war nur scheinbar leer. Denn die Römer, die sich zu einem Faktor der hellenistischen Politik gemacht hatten, wurden nun gezwungen, ihre Rolle auch weiterhin aktiv zu spielen. Antiochos hatte die Zeichen der neuen Zeit noch nicht begriffen, konnte das vielleicht auch nicht und mochte den Römern ein langjähriges Engagement im Osten wohl nicht zutrauen.

Zwischen 212 und 205 hatte Antiochos große Teile der Ostprovinzen des ehemaligen Alexanderreiches an seine Herrschaft angeschlossen, hatte im Krieg gegen Ägypten das südliche Syrien erobert und schickte sich seit 198 an, auch Kleinasien zu gewinnen; sogar Attalos von Pergamon, den Bundesgenossen der Römer, griff er an. Der Zusammenbruch Makedoniens kam ihm gerade recht, und die Römer verhielten sich ihm gegenüber auch zunächst zurückhaltend, da sie ihn von Philipp isolieren wollten. Der Traum von der Wiedergeburt der Einheit des Alexanderreichs schien nahegerückt. Als die Römer und Flamininus abgezogen waren, machte sich Antiochos denn auch sogleich daran, das Erbe der Makedonen in Griechenland anzutreten. Die Ätoler und mit ihnen zahlreiche mit den Römern unzufriedene Städte schlossen sich ihm seit 193 an, und 192 setzte er sogar selbst nach Griechenland über.

Die Römer haben keinen Augenblick gezögert, die von ihnen im Osten übernommene Rolle auch energisch wahrzunehmen. Sie entschlossen sich zum Krieg und schickten 191 erneut ein konsularisches Zweilegionenheer unter dem Konsul M. Acilius Glabrio in den Osten. Bei den Thermopylen wurde die bunt zusammengewürfelte kleine Streitmacht des Seleukidenkönigs mühelos geschlagen; der König zog sich nach Ephesos zurück. Im folgenden Jahre machte sich dann das etwas verstärkte römische Heer unter dem neuen Konsul L. Cornelius Scipio auf den Weg nach Kleinasien; unter den Ratgebern des Konsuls befand sich auch dessen Bruder, der große Hannibalbezwinger (seit Zama Africanus beigenannt), der unter dem nominellen Oberbefehl des etwas blassen Bruders die Operationen lenkte. Nach Erringung der Seeherrschaft wurde Antiochos in den letzten Tagen des Jahres 190 bei Magnesia am Mäander trotz eines zahlenmäßig weit überlegenen Heeres vernichtend geschlagen. Er willigte sofort in Friedensverhandlungen ein. Im folgenden Jahre unternahm der neue Konsul Cn. Manlius Vulso noch einen Feldzug gegen die im Zentrum Kleinasiens sitzenden keltischen Stämme, die Galater, deren schwer zu zügelnde kriegerische Gesinnung eine immerwährende Bedrohung besonders für die benachbarten griechischen Städte bedeutete. In einer Art Vernichtungskrieg hat Manlius Vulso Teile der Kelten physisch soweit geschwächt, dass sie künftig Ruhe gaben. Dieser durch keinen formellen Titel gedeckte Feldzug – den Kelten war weder der Krieg erklärt worden, noch hatten sie sich gegen die Römer ernsthaft vergangen – war die Konsequenz eines Ordnungsdenkens, in dem die anderen Völkerrechtssubjekte nicht mehr als gleichrangige, sondern abhängige Partner figurierten (mochte das treibende Element damals nun der Senat oder, wie die spätere

Senatsdebatte zeigt, in diesem Fall doch wohl Manlius Vulso allein sein) und Rom seine Macht nicht mehr lediglich präsentierte, sondern nach Gutdünken und ohne Rücksprache mit irgendeinem Partner auch faktisch ausübte.

Im Frühjahr 188 wurde in Apameia/Phrygien der Friedensvertrag abgeschlossen. Antiochos musste auf alles Gebiet diesseits (das heißt nördlich und westlich) des Tauros-Gebirges verzichten; das gesamte kleinasiatische Gebiet lag demnach künftig außerhalb der seleukidischen Einflusssphäre. Der König hatte ferner eine ungeheure Kriegskontribution zu zahlen. Einen großen Teil des so frei gewordenen Gebietes erhielten Attalos von Pergamon und die Rhodier, die nun, neben anderen Kleinstaaten Kleinasiens, der Ägäis und Griechenlands, als die neuen Ordnungskräfte galten. Schon 188 zogen die römischen Truppen wieder nach Italien ab. Doch war die alte Ordnung der hellenistischen Staatenwelt mit ihrem politischen Kernstück, dem Gleichgewicht der drei großen Königreiche, nun zerstört: Das Makedonen- und Seleukidenreich waren abhängige, zumindest in ihrer Lebenskraft geschwächte Staaten geworden, und das Ptolemäerreich hatte noch immer nicht aus seiner labilen Lage herausgefunden. An die Stelle der vergangenen Balance der Kräfte hatten die Römer eine neue, künstliche Ordnung gesetzt, in der besonders einige Mittelstaaten, wie das pergamenische Königreich, Rhodos und der Achäische Bund im zentralen und südlichen Griechenland, Gewicht hatten und die politische Ordnung im Gleichgewicht hielten. Als eine künstliche Ordnung, die sie war, konnte dieses Staatensystem jedoch nur aufrechterhalten werden, wenn ihr Architekt, nämlich der Römer, der griechischen Welt zeigte, dass er gewillt war, das von ihm errichtete politische System auch zu stützen: Da Rom real nicht präsent und die Nobilität aus herrschaftspolitischen Gründen zur Errichtung großer Herrschaftssprengel im Osten gar nicht in der Lage war, suchte der Senat indirekt, durch Parteigänger in den Städten und durch Senatsgesandtschaften, zu regieren. Die Griechen nahmen ihre veränderte politische Lage als Untertanen einer nichtgriechischen Großmacht nur sehr allmählich wahr, doch wurde sie ihnen schließlich sehr scharf bewusst. Was die Römer taten und anordneten, erweckte daher zunehmend Misstrauen, ja Hass, und in dem Maße, wie das Ansehen der Römer sank, stieg das derjenigen, die durch die Römer erniedrigt worden waren, insbesondere das Makedoniens. Hier war nach dem Tode Philipps V., der in kluger Einsicht den Römern keinen Widerstand entgegengesetzt hatte, dessen Sohn Perseus König geworden (179). Er fühlte sich von einer Woge der Sympathie getragen und tat auch seinerseits viel, um den politischen Trend zu stärken. Von überallher kamen Bekundungen des Wohlwollens, so von Delphi, vom Seleukidenkönig, ja sogar von Rhodos und dem neuen König von Pergamon, Eumenes II. (197–160/59). 178 heiratete Perseus Laodike, eine Tochter Seleukos' IV. Die Hochzeit, die wie eine Koalition der von den Römern Besiegten erscheinen konnte, bewegte ganz Griechenland; im Triumphzug wurde die Braut nach Makedonien geholt. Eumenes, der in einer veränderten politischen Situation nur verlieren konnte, entschloss sich indessen doch für die römische Seite und schwärzte Perseus in Rom an. Längst hatte der Senat den Wandel der politischen Verhältnisse bemerkt. Er entschloss sich zu einem Krieg gegen Perseus, ohne diesem eigentlich Gelegenheit zu geben, sich zu rechtfertigen oder gar reale Faustpfänder seiner guten Gesinnung zu geben (Dritter Makedonischer Krieg). Rom operierte schon nicht mehr wie eine politische Macht, die sich als Teil einer großen und komplexen Völkergemeinschaft fühlt, sondern setzte seinen Willen absolut und verlangte Gehorsam; antirömische Gesinnung war demnach jetzt ein Kriegsgrund: Die Präliminarien des Krieges zeigen, dass Rom den Osten bereits als seinen Herrschaftsraum ansah.

Im Jahre 171 setzten die Römer mit einem konsularischen Heer nach Griechenland über. Die Operationen der ersten Kriegsjahre verliefen blamabel; die römischen Generäle zeigten mehr Grausamkeit gegen Schwache und Hilflose als militärische oder diplomatische Fähigkeit. Erst als 169 der Konsul Q. Marcius Philippus das Kommando übernahm, gewannen die Römer Boden. Sein Nachfolger, L. Aemilius Paullus, der Sohn des bei Cannae gefallenen Konsuls, konnte Perseus dann stellen und in der Schlacht von Pydna vernichtend schlagen (168).

Einen Friedensvertrag mit Perseus gab es nicht. Das ruhmreiche Makedonenreich wurde aufgelöst. An seine Stelle traten vier Teilstaaten, deren Verkehr untereinander zudem stark behindert wurde. Perseus schleppten die Römer nach Italien, führten ihn im Triumphzug mit und verbannten ihn danach für den Rest seines Lebens in das mittelitalische Städtchen Alba Fucens. Überall kamen in den Städten Griechenlands nun die Römerparteien ans Ruder und wurden die Städte und Städtebünde, die es mit Perseus gehalten hatten, wie Aufrührer bestraft. Am schlimmsten erging es der Landschaft Epirus, wo die Römer zahlreiche Orte dem Erdboden gleichmachten und Tausende – es sollen 150 000 Personen gewesen sein – in die Sklaverei abführten. Sogar über Rhodos entlud sich der Zorn der Römer; die Stadt musste ihre zeitweise freundliche Haltung gegenüber Perseus mit der Einziehung ihrer *terra ferma* in Lykien und Karien und durch die Errichtung eines Freihandelshafens auf der Insel Delos büßen, der sie in ihrer Existenz als Handelsmacht bedrohte. Selbst Eumenes spürte, dass es sträflich war, einem Gegner Roms auch nur für kurze Zeit ein Lächeln der Sympathie, oder was die Römer dafür ansehen mochten, geschenkt zu haben. Der griechisch-kleinasiatische Raum hatte aufgehört, ein Raum mit selbständigen politischen Größen zu sein. Er war ein Gebiet indirekter römischer Herrschaft geworden.

Die Krise der Herrschaft in der Mitte des 2. Jahrhunderts

In der Mitte des 2. Jahrhunderts waren die Römer unbestrittene Herren im gesamten Mittelmeerbecken; es gab keine Macht von Rang, die ihnen ein ernsthafter Gegner hätte werden können. Bezeichnend hierfür ist die Szene vor Alexandria nur wenige Wochen nach Pydna (168). Der Seleukidenkönig Antiochos IV. Epiphanes war vor die Stadt gerückt, um mit deren Einnahme das darniederliegende Ptolemäische Reich mit dem seinen zu vereinen. Da erschien der Senatsgesandte C. Popillius Laenas vor ihm und forderte ihn barsch zum Abzug auf. Als Antiochos zögerte, zog der Gesandte mit einem Zweig im Sand einen Kreis um den König und verlangte von ihm eine Entscheidung, bevor er den Kreis verließe. Antiochos gehorchte und zog ab. Ein einziger Angehöriger der römischen Nobilität dirigierte hier das Schicksal von Königreichen und behandelte Könige wie Boten! Alles schien bereits von Rom aus gelenkt zu werden, alles Streben nach Widerstand erstickt zu sein. Die Römer hatten aber nicht nur in Ost und West ihre Herrschaft aufgerichtet, sondern im ersten Viertel des 2. Jahrhunderts auch die unruhige keltische Nordgrenze ‚befriedet': Die gesamte oberitalienische Tiefebene einschließlich Venetien war in teilweise langjährigen Kämpfen unterworfen oder die dort sitzenden Stämme als Bundesgenossen Roms aufgenommen worden, und auch die wilden ligurischen Bergvölker des nördlichen Apennin wurden gedemütigt oder umgesiedelt. In Oberitalien entstanden zahlreiche neue Städte mit römischen oder bundesgenössischen Kolonisten, so Bononia (Bologna, 189), Parma, Mutina (183) und Aquileia (181). Zur Erschließung des neu gewonnenen Gebietes bauten die Römer Straßen, vor allem die *via Aemilia* (die Verlängerung der *via Flaminia* von Ariminum über Bononia nach

Placentia, seit 187) sowie Straßen von Bononia über den Apennin nach Arretium (Arezzo) in der Toscana. – 178–177 wurde von Aquileia aus auch Istrien erobert und 157–155 ein Krieg gegen die Dalmater geführt, ein Stamm mit keltisch-illyrischer Mischbevölkerung, der in dem nach ihm benannten Küstenstrich am Ostufer der Adria lebte; mit der Einnahme des Vororts Delminium durften sie jedenfalls vorläufig als unterworfen gelten. Als eigener Herrschaftsbezirk ist diese Gegend unter dem Namen Illyricum wohl erst im 1. Jahrhundert eingerichtet worden, doch dauerten die Kämpfe mit den Dalmatern noch bis in die Zeit des Kaisers Augustus.

Der riesige Herrschaftsraum außerhalb Italiens wurde nur mittels der eigens errichteten Militärbezirke (*provinciae*) verwaltet; sie gab es in der Mitte des Jahrhunderts außer für Sizilien und Sardinien/Korsika aber nur noch in Spanien, wo 197 zwei Provinzen eingerichtet worden waren (*Hispania Citerior* und *Ulterior*). Alles übrige Gebiet wurde indirekt, das heißt über die Regierungen der zahlreichen Staaten und mit Hilfe von hin- und herreisenden Gesandtschaften überwacht und dirigiert. Anders als mit den italischen Bundesgenossen verband jedoch Rom kein besonderes Interesse mit diesen Städten, Stämmen und Königreichen. Deren Funktion erschöpfte sich darin zu gehorchen. Die Römer hatten es also hier nicht mehr mit Staaten im eigentlichen Sinne, sondern mit Untertanen zu tun, die aber wie Staaten behandelt wurden. Darin lag ein Widerspruch. Seine Aufhebung war nur dadurch zu erreichen, dass die faktische Herrschaft in eine formale übergeleitet, also ein bürokratischer Apparat errichtet wurde, mit Hilfe dessen die Römer die Menschen nicht nur niederhalten, sondern über sie wirklich regieren, sie verwalten und damit auch Prinzipien der Fürsorge für sie entwickeln konnten. Das aber war auf Grund der aristokratischen Struktur des römischen Staates ausgeschlossen: Die Nobilität konnte als Kollektiv keine Zentrale und keine große Beamtenschaft aufstellen und kontrollieren. So ließ man alles so, wie es nach den Kriegen der ersten Jahrhunderthälfte eingerichtet worden war, und reagierte nur bei Schwierigkeiten und Spannungen durch ad-hoc-Maßnahmen, die mit Hilfe zahlreicher Gesandtschaften durchgesetzt wurden: Die Politik der Intervention musste den herrschaftlichen Apparat ersetzen; das Provisorium wurde zum Zustand. Das Problem lag aber darin, dass die derart geknebelten Staaten, die von Rom aus nicht regiert wurden, auch selbst keine Regierungsmaximen, die sie notwendig mit anderen Staaten zusammengeführt hätten, verwirklichen durften, und so vermochten sie kaum noch zu leben. Jede politische Regung wurde unterdrückt, jede eigenmächtige Aktion als Aufruhr ausgelegt. Die völlige Lähmung der äußeren Aktivität ließ u. a. auch das Bandenwesen und auf der See die Piraterie aufblühen; die Rechtsbrecher hatten eine gute Zeit. Die Staaten und Menschen waren den Römern und insbesondere der Gier der nun überall hinströmenden italischen Händler und korrupten Beamten ausgesetzt. Die Welt begann unter der Herrschaft der Römer wie unter einem Joch zu ächzen.

Für die Römer stand das Sicherheitsbedürfnis an erster Stelle: Die riesige Welt lag ihnen zu Füßen; aber sie war eine auf das gleiche untertänige Niveau hinabgedrückte Masse von quasistaatlichen Gebilden, die den Römern jetzt als Einheit erscheinen musste. Die Untertänigkeit hatte alle gleich schwach, aber eben auch gleich gemacht, und der römische Stadtstaat mit seinem zwar großen, aber im Verhältnis zur übrigen Welt doch begrenzten Gebiet und Möglichkeiten begann sich vor den Beherrschten zu fürchten. Es gab keine bewaffnete Macht von Rang mehr neben Rom, doch nichtsdestotrotz fühlten sich die Römer unsicher, und dies um so mehr, je weiter die Zeit fortschritt. Obwohl unangefochtene Herren, hatten sie jedenfalls subjektiv ein Sicherheitsproblem, das aus dem Tatbestand der nun hergestellten Uniformität der ehemals selbständigen Staaten und aus ihrer Unfähigkeit resultierte, die uniforme Masse durch eine große Verwaltung in den sicheren Griff zu bekommen. So reagierte der Senat auf jedes Zeichen von Unruhe empfindlich und ließ gegebenenfalls unangemessen hart zuschlagen. Und in der Tat begannen nun manche Völker und Städte, nachdem ihnen ihre Lage bewusst geworden war, sich zu regen, und dies zuvörderst in Spanien.

In Spanien war durch das Wirken des M. Porcius Cato (195) und Ti. Sempronius Gracchus (180–178) eine erste Periode der Unruhe beendet und ein langanhaltender Friede hergestellt worden. Doch 154 brach gleichzeitig bei den lusitanischen Stämmen im Westen und den keltiberischen im Zentrum der Halbinsel ein Aufstand aus; er nahm seit 147, als die Spanier in Viriatus einen fähigen Führer erhielten, noch an Heftigkeit zu, und er dauerte auch nach der Ermordung des Viriatus (139) fort. Es war der blutigste Kampf, den die Römer je geführt hatten; mehrere konsularische Heere gingen verloren. Die Verluste waren so hoch, dass man mit den Aushebungen Schwierigkeiten hatte; der Mangel an Rekruten war groß, und die, welche ausgehoben werden sollten, wehrten sich aus Furcht vor dem spanischen Kriegsschauplatz. Unfähigkeit der römischen Führung, Grausamkeiten unvorstellbaren Ausmaßes und die Habgier mancher Feldherren hielten die Kriege weiter am Leben und machten aus ihnen eine bisher nicht gekannte Kette von Leid und Tod. Erst mit der Einschließung und Einnahme der Bergfestung Numantia im Jahre 133 durch P. Cornelius Scipio Africanus Aemilianus, den Enkel des Siegers von Zama, wurde der Krieg beendet.

Spanien war in der Mitte des Jahrhunderts nicht der einzige Unruheherd. Auch in Griechenland gärte es. Die Verelendung der Massen unter der römischen Herrschaft, in der auch das Wirtschaftsleben in den einst durch Handwerk und Handel blühenden Städten stagnierte, und das Gefühl der Demütigung bei den freiheitsliebenden, nationalstolzen Griechen machte viele zum Aufruhr bereit. Als daher 151 in Makedonien ein Mann namens Andriskos auftauchte und wegen einer Ähnlichkeit mit dem letzten Makedonenkönig Perseus behauptete, dessen Sohn zu sein, hatte er viel Zulauf. Etliche Städte fielen zu ihm ab, und sogar ein römischer Prätor wurde geschlagen. Erst der Prätor Q. Caecilius Metellus, später Macedonicus beigenannt, konnte den Prätendenten überwinden (148) und im Triumphzug durch Rom schleppen. Schlimmer war noch, dass 146 sogar der ganze Achäische Bund den angesichts der allgemeinen Lage beinahe wahnsinnig zu nennenden Entschluss fasste, Rom nach einem Eingriff in die Bundesverhältnisse den Gehorsam aufzusagen, und die Achäer fanden in Griechenland auch einige Verbündete (vor allem die Böoter). Verarmte und hungernde Massen in Mittel- und Südgriechenland haben für die Dynamik dieser Unruhen eine entscheidende Rolle gespielt; sie gaben dem Aufstand eine soziale Note und sind auch für die Schärfe der Auseinandersetzung und für deren irrationale Züge verantwortlich. Die Römer reagierten auf die Erhebung in einer von der Sache selbst nicht gerechtfertigten Härte. Der Konsul L. Mummius besiegte das achäische Aufgebot schließlich endgültig, brannte das Zentrum der Unruhe, Korinth, nieder (146) und zog mit großer Beute, insbesondere mit zahllosen Kunstschätzen beladen, nach Italien zurück. In Konsequenz dieser Ereignisse wurde Makedonien nun in einen direkten Herrschaftsbezirk (*Macedonia*) umgewandelt und das übrige Griechenland von dem Statthalter dieser neuen Provinz mitverwaltet; der Achäische Bund wurde aufgelöst.

Noch irrationaler als hier handelten die Römer gegenüber Karthago. Die Stadt wurde seit dem Zweiten Punischen Krieg von dem König Massinissa drangsaliert, der das karthagische Gebiet Stück um Stück an sich riss und sich so allmählich ein numidisches Großreich zusammenraubte; bei Beschwerden gaben die Römer stets Massinissa recht. In der Mitte des Jahrhunderts scheinen die römischen Senatoren in ihrer wachsenden Unsicherheit gegenüber den besiegten und gedemütigten Staaten Karthago als einen möglichen Kristallisationspunkt künftigen Widerstandes angesehen zu haben. Besonders M. Porcius Cato trat daher für eine Zerstörung der Stadt ein, demgegenüber sich nüchterner denkende Nobiles, wie P. Cornelius Scipio Nasica Corculum, auf die Dauer nicht durchzusetzen vermochten. Nachdem die Konsuln in einer beispiellos perfiden Art, ohne Rücksicht auf Völkerrecht und Treu und Glauben, die Karthager, die zur Aufrechterhaltung des Friedens zu allem bereit waren, entwaffnet hatten, forderten sie sie auf, ihre Stadt zu verlassen und sich landeinwärts erneut anzusiedeln. Die so in die Enge getriebenen Karthager waren zur Aufgabe ihrer Stadt nicht bereit und wehrten sich drei Jahre hindurch mutig, ehe P. Cornelius Scipio Aemilianus sie mit einem engen Belagerungssystem umgab und schließlich die Stadt stürmte und niederbrannte. Über die zerstörte und verlassene Stadt wurde der Pflug gezogen zum Zeichen, dass hier nie wieder eine Stadt erstehen sollte; die überlebende Bevölkerung wurde versklavt und das gesamte karthagische Restreich unter direkte Verwaltung genommen (*provincia Africa*).

Die Vernichtungspolitik der Römer hatte Erfolg. Es regte sich nichts mehr außerhalb des italischen Herrenlandes, und wenn auch die Menschen hungerten und darbten und unter den Ungerechtigkeiten römischer Beamter oder Händler litten, wagte doch kaum jemand mehr den offenen Aufruhr. Als Folge davon stellten sich viele auf die römische Herrschaft ein, nahmen also die Untertänigkeit hin. Bezeichnend ist, dass der König Prusias II. von Bithynien schon im Jahre 167 mit dem *pileus*, der Mütze des Freigelassenen, auf dem Haupt vor dem Senat in Rom erschien: Er gab dadurch zu verstehen, dass er seine politische wie physische Existenz als ein Geschenk der Römer ansah. Das Gefühl völliger Ohnmacht und Verzweiflung darüber, leben zu müssen, ohne es doch unter dem unerträglichen Druck der Römer eigentlich noch zu können, zeigt sich besonders krass darin, dass Attalos III. von Pergamon bei seinem Tode (133) sein Reich testamentarisch den Römern vermachte: Er liquidierte sein Königreich, um es den widerstrebenden Römern aufzuzwingen, damit die Menschen seines Reiches wenigstens wieder einen Herrn hatten, von dem sie, wenn nichts anderes, so doch Gnade oder gar eine gewisse patriarchalische Fürsorge erwarten durften. Die Welt gewöhnte sich daran, auf Rom als das alles beherrschende Zentrum zu blicken; die politische Apathie, die eine Voraussetzung der Romanisierung ist, hatte alle ergriffen.

Die innenpolitische Entwicklung zwischen 264 und 133 v. Chr.

In den 150 Jahren, die zwischen dem Abschluss des römischen Bundesgenossensystems in Italien und dem Beginn der inneren Unruhen seit den Gracchen liegen, hatte die sich aus den Ständekämpfen entwickelnde neue Aristokratie, die Nobilität, die Geschicke Roms gelenkt. Die in Rom und seiner näheren Umgebung lebende Gesellschaft vermochte dabei ihre innere Geschlossenheit, vor allem auch die für eine Aristokratie konstitutive Personenbezogenheit des Regierungsstils, zu bewahren, war in ihrem personalen Bestand jedenfalls zunächst noch nicht erstarrt: Noch immer stießen Männer aus weniger bekannten Familien in das Konsulat vor, so besonders zwischen 243 und 216, und erwarben damit für sich und ihre Familie den Anspruch, zur Nobilität gezählt zu werden. Innerhalb der nobilitären Familien herrschte das freie Spiel der Kräfte vor; Maßstab waren neben der Vornehmheit die für den Staat geleisteten Taten, insbesondere natürlich die Verdienste im Feld. Im Zweiten Punischen Krieg, also in schwierigster politischer und militärischer Lage, hatten die Römer gerade den Vertretern der alten Familien, unter denen sich damals in der Tat auch viele tüchtige Generäle befanden, ihr Vertrauen geschenkt und sie immer wieder in die höchsten Ämter gewählt. Männer wie Q. Fabius Maximus Cunctator und M. Claudius Marcellus hatten sogar mehrere Male das Konsulat bekleidet, und ihnen wie anderen bewährten Generälen war das Kommando meist noch über das Amtsjahr hinaus als Promagistratur verlängert worden. Gerade dieser Krieg trug darum viel dazu bei, die Anzahl der regimentsfähigen Familien auf den einmal erreichten Stand zu fixieren, und machte es Außenstehenden immer schwerer, in den sich fester abschließenden Kreis der Nobiles einzudringen.

Auf der anderen Seite zeigten sich, noch nicht besorgniserregend, aber doch schon deutlich die ersten Anzeichen einer beginnenden Desintegration der Nobilität. Und es waren durchaus nicht die großen, herausragenden Gestalten, die durch ihre außergewöhnlichen militärischen Leistungen und eine sich auf sie stützende individuellere Lebensart die Geschlossenheit der Gruppe gefährdeten; das Individuelle an ihnen erscheint uns wohl heute nur deshalb so ausgeprägt und gruppengefährdend, weil wir, die wir die Persönlichkeiten der älteren Zeit nur schemenhaft erkennen können, diese Männer als die ersten im helleren Licht der Geschichte stehen sehen. Tat sich doch einmal eine der bedeutenderen politischen Persönlichkeiten mit dem Komment der Gruppe schwer, wurde die im ganzen noch intakte Gesellschaft mit ihr in aller Regel fertig und hat gegebenenfalls auch einzelne durch Prozesse aus dem politischen Leben gedrängt. Gerade die herausragendsten Männer, wie Q. Fabius Maximus Cunctator, M. Porcius Cato und Ti. Sempronius Gracchus sen., haben hingegen ihren Stand eher bewusst und mit Nachdruck repräsentiert, als dass sie daran gedacht hätten, aus ihm herauszustreben. Die Gefahren kamen von anderer Seite. Auf die Dauer wirkte es sich für den Zusammenhalt der führende Gruppe nämlich nachteilig aus, dass das Amt dem einzelnen Nobilis, fernab von der Kontrolle der Standesgenossen, bis dahin ungeahnte Möglichkeiten gab, seinen Ehrgeiz auszuleben und sich zu bereichern. Konsuln und Statthalter brachen nicht selten aus Ehrsucht oder Habgier unsinnige Kriege vom Zaun oder plünderten die Untertanen schamlos aus. Es war für den Bestand der alten Gesellschafts- und Wertordnung nicht weniger bedenklich, dass der kulturell höherstehende Osten viele Angehörige der oberen Schichten den einheimischen Sitten entfremdete. Die Geistigkeit und Religiosität des griechischen Ostens, ferner auch die materiellen Güter, insbesondere die Luxusgüter der östlichen Hochkultur, hielten ihren Einzug in Rom. Die Faktoren der Desintegration wirkten daher auf den ganzen Stand und in ihm insbesondere auf die charakterlich Schwächeren oder politisch Uninteressierten, weniger auf die im Zentrum der politischen Macht stehenden Mitglieder der regierenden Familien. Der Senat suchte solchen Einflüssen dadurch entgegenzusteuern, dass er Gesetze gegen den Luxus und gegen den Ämterehrgeiz schuf, überhaupt zur Aufrechterhaltung der alten Ordnung die Gesetzgebungsmaschinerie in Gang setzte.

Um die Senatoren bei der alten Sittenordnung (*mores maiorum*) zu halten, war ihnen u. a. im Jahre 218 durch ein Gesetz (*lex Claudia*) das Handels- und Geldgeschäft untersagt worden; das Denken des Vornehmen sollte weiterhin vom Landleben bestimmt werden, das in der Vorstellung aller immer die Basis des römischen Staates und seines Aufstiegs gewesen war. So legten die Senatoren ihre in den Kriegen gewonnenen Reichtümer in Landbesitz an und wurden zu Großgrundbesitzern ungekannten Ausmaßes. Die Wohlhabenden, die nicht dem Senatorenstand angehörten – sie hießen später Ritter (*equites*), weil nur noch sie, nicht mehr auch die Senatoren ein Pferd besaßen (das hieß ursprünglich: Reiterdienst leisten) –, zogen nunmehr diejenigen Geschäfte an sich, welche die Senatoren nicht führen durften. Viele Ritter – nicht alle, sehr viele waren auch reine Grundbesitzer – wurden Großhändler, Reeder und Bankiers; sie zogen, gestützt von den römischen Beamten, die großen Handelsgeschäfte der Welt an sich, für die sie sich zur Verteilung des Risikos oft zu Gesellschaften (*societates*) zusammentaten, und übernahmen die Staatsaufträge und die Steuereintreibung, die der Staat mangels einer ordentlichen Finanzverwaltung an Private verpachtete. Die Gruppe der Ritter wuchs und wurde reicher. Ihre zunehmende Bedeutung war nicht unproblematisch. Denn sie profitierte von der römischen Weltstellung und erhielt im Staat Einfluss durch ihren Reichtum, ohne dass sie, wie die Nobilität, durch Leistungen der öffentlichen Ordnung in irgendeiner Weise verpflichtet gewesen wäre oder sich für ihre Tätigkeit der Ordnung gegenüber verantwortlich gefühlt hätte: Ihre privaten Interessen waren nicht in den Staat integriert. Die Zukunft musste zeigen, wohin diese Schicht ihr Sonderinteresse führte.

Die allgemeine staatliche Organisation veränderte sich in dieser Zeit kaum. Der innerstaatliche Bereich schien sich in der Periode des Aufstiegs zur Weltmacht bewährt zu haben und also einer Reform nicht zu bedürfen. Doch hätte allerdings die Verwaltung des riesigen Herrschaftsgebietes einer Änderung bedurft oder richtiger: sie hätte überhaupt erst aufgerichtet werden müssen. Dies zu leisten, war aber, wie bereits dargelegt, aus herrschaftspolitischen Gründen nicht möglich. Der Senat beließ es bis 133 bei den seit 227 eingerichteten 6 Herrschaftsbezirken, die durch Statthalter verwaltet wurden. Man scheute die Einrichtung weiterer hoher Beamtenposten, die viel Macht besaßen – die Statthalter waren ja eine Art Vizekönig – und schwer kontrolliert werden konnten; für Macedonia und Africa wurden nicht einmal ordentliche Statthalterstellen eingerichtet, sondern diese jeweils provisorisch mit Promagistraten besetzt. Die gequälten, nach Fürsorge, wenigstens aber nach Rechtssicherheit lechzenden Untertanen erfuhren an diesem Herrschaftsapparat, der einzig der militärischen Sicherung des Reiches und dem materiellen Egoismus der römischen Führungsgruppe zu dienen schien, keine Stütze. Städte, Könige, Stammesfürsten und Private wandten sich daher vielfach an einzelne Nobiles oder auch Ritter, von denen sie wie von Patronen Hilfe erhofften. Die römischen Vornehmen nahmen solche Staaten oder Privatpersonen auch als Clienten an und verlängerten auf diese Weise die römische Sozialordnung in die Provinzen und formal noch unabhängigen Städte und Völker hinein. Ein politisches Gewicht besaßen diese Clienten natürlich nicht; doch hatten sie unter dem Schutz ihrer mächtigen Patrone zumindest ein Minimum an sozialer Sicherheit.

Auch die Stellung des römischen Bürgers blieb von der Entwicklung Roms zum Großstaat nicht unberührt. Die Masse der Bürger war an den politischen Entscheidungen durch die Abstimmungen in den Volksversammlungen (Wahl, politischer Prozess und Gesetzgebung) beteiligt gewesen, doch verlor ihr Anteil an der politischen Willensbildung durch die für die meisten von ihnen unüberwindlichen Entfernungen in dem größer gewordenen Bürgergebiet an Gewicht; die Volksversammlungen entwickelten sich zunehmend zu Versammlungen der stadtrömischen Bevölkerung (*plebs urbana*). Der römische Bürger war trotzdem zunächst noch im allgemeinen zufrieden, da er, abgesehen von den Beuteanteilen nach Feldzügen und den ideellen Vorteilen der römischen Weltstellung, mit Land versorgt wurde, wenn er es brauchte. Auf dem annektierten Boden von Bundesgenossen in Unteritalien, die im Hannibalkrieg abgefallen waren, und in der oberitalienischen Tiefebene gab es auch hinreichend, nach den blutigen Verlusten des Hannibalkrieges sogar mehr als genug Land, so dass zumindest in Unteritalien bei weitem nicht alles, was zur Verfügung stand, verteilt werden konnte und daher der brach liegende Acker jedem, der wollte und wirtschaftlich dazu in der Lage war – und das waren meist nur die reichen Anrainer –, zur freien Benutzung überlassen wurde (Okkupationsrecht). Allerdings waren die besonders in Oberitalien neuerdings gegründeten Städte (Kolonien), wie schon früher, in aller Regel nicht aus versorgungs-, sondern aus sicherheitspolitischen Rücksichten etabliert worden. Als daher Oberitalien ‚befriedet' war, stockte auch die Landverteilung (die letzte Kolonie, Luna nördlich der Arnomündung, war 177 gegründet worden), und das wirkte sich mit der Zeit auf den sozialen Frieden ungünstig aus. Denn nicht nur die Verluste besonders in den spanischen Kriegen hatten die römische Bauernschaft hart mitgenommen. Viel schlimmer wirkte es sich aus, dass die langen Kriege in Übersee den Bauern, der seinen Hof nicht bestellen konnte, oft ruinierten und sich unter den an Zahl zunehmenden Großgrundbesitzern immer bereite Käufer der kleinen Bauernstellen fanden.

Die allmählich einsetzende Agrarkrise ergab sich nicht allein durch den auf den Bauern-Soldaten ausgeübten Druck und die mangelnde Versorgung von landlosen Bürgern mit einer hinreichenden Landparzelle; er wurde in Gang gehalten und noch verstärkt von seiten der großen Grundbesitzer, unter ihnen vor allem der Senatoren, die, durch das Claudische Gesetz vom Jahre 218 am Handel gehindert, ihre wirtschaftliche Energie auf den Ausbau ihres Landbesitzes konzentrierten: Sie vergrößerten ihren Besitz durch Zukauf von verkaufswilligen

Bauern und bewirtschafteten ihn nicht lediglich mehr durch den Gutsbetrieb, der sich trotz eines gewissen Wachsens nicht zu einem Großgut mit zentraler Verwaltung entwickelte, sondern vor allem durch Kleinpächter. Zur Gewinnmaximierung wichen sie zudem vielfach auf den Anbau von Produkten aus, die größeren Gewinn brachten (Wein, Öl, Vieh). Als Arbeitskraft dienten auf dem Gutsbetrieb und in der Weidewirtschaft zunehmend Sklaven und Tagelöhner, und Sklaven, die durch die zahlreichen Kriege des 2. Jahrhunderts und den aufblühenden Sklavenhandel wohlfeil waren, beschäftigten auch die zahlreichen abhängigen Pächter eines Grundbesitzers. So nahm die Anzahl verarmter und landloser freier Bauern zu, die nach Rom strömten, aber dort kein Land erhielten. Die Senatoren nahmen die veränderten Verhältnisse vor allem an den Schwierigkeiten bei der Aushebung wahr. Da bei dem Prinzip der Selbstausrüstung der wehrdienstfähige Bauer ein Mindestvermögen, in aller Regel einen Hof, besitzen musste, schmolz die Anzahl der Wehrfähigen zusammen. Um die gewünschte Anzahl an Rekruten aufstellen zu können, setzte der Senat daher in dieser Zeit das für den Legionärsdienst erforderliche Mindestvermögen von 11 000 auf 4000 As herab. Das weist bereits auf Probleme hin, die zu den Unruhen seit der Gracchenzeit führten.

Ursachen und Beginn der inneren Krise seit den Gracchen

Die Krise der politischen Führung (die Gracchen)

Die allgemeine Krise der römischen Herrschaft seit der Mitte des 2. Jahrhunderts hatte die Diskrepanz zwischen der soziopolitischen Struktur Roms und dem gewaltigen Herrschaftsgebiet, das von einer stadtstaatlichen Gesellschaft und deren Organisationsprinzipien gesichert und regiert werden musste, offengelegt. Das Herrschaftsgebiet war zwar seit der zweiten Hälfte des 2. Jahrhunderts ein völlig passiver Körper, aber es wirkte allein schon durch sein Dasein auf die inneren Verhältnisse Roms ein. Das zeigte sich auch im Wirtschaftsleben, insbesondere in der Agrarwirtschaft, die sich unter den veränderten Verhältnissen tiefgreifend zu wandeln begann. Die wohlhabenden Bürger, vor allem der Senatorenstand, dem durch das Claudische Gesetz aus dem Jahre 218 aus standespolitischen Rücksichten das Handelsgeschäft ausdrücklich untersagt und damit das Land als die ihm angemessene Einkommensquelle zugewiesen worden war, legten die unter dem Zeichen der Weltherrschaft rechtmäßig oder unrechtmäßig erworbenen Gelder meist in Grund und Boden an. Da in Italien Ackerland zum Kauf nicht unbegrenzt zur Verfügung stand, bemächtigten sich insbesondere die römischen Senatoren, aber auch andere reiche Römer und die Honoratioren der bundesgenössischen Städte des Staatslandes (*ager publicus*) in Mittel- und besonders in Unteritalien. Das Staatsland stammte zum allergrößten Teil aus Annexionen, die der römische Staat bei den im Hannibalkrieg abgefallenen Bundesgenossen vorgenommen hatte; es war damals nicht verteilt worden, weil die Verluste des Krieges die Bauernschaft dezimiert hatten und in den folgenden Jahrzehnten des 2. Jahrhunderts alle landsuchenden Römer in der groß angelegten Kolonisation Oberitaliens (bis 177) weitgehend befriedigt worden waren. Nach römischem Gewohnheitsrecht durften alle Bürger das Staatsland zu persönlichen Zwecken besetzen (okkupieren) und nutzen, doch waren es naturgemäß die Reichen und Vornehmen, die in der Lage waren, diese Möglichkeit auch zu verwirklichen. So kam es dahin, dass vor allem sie es waren, die das Staatsland okkupierten, und sie bewirtschafteten dann die übernommenen Äcker (*ager publicus occupatorius*) zusammen mit ihrem eigenen Land (*ager privatus*) teils auch nach rationelleren Methoden, die z. T. den Karthagern abgesehen worden waren: Die riesigen Großgüter (*latifundia*) wurden vielfach von großen Sklavenscharen, welche die Kriege und der wachsende Sklavenhandel lieferten, bestellt und die Produktion nach dem Grundsatz ausgerichtet, mit möglichst wenig Arbeitskräften einen möglichst großen Gewinn zu erzielen. Darum bevorzugte man mancherorts den wenig arbeitsintensiven Anbau von Ölbäumen und Wein sowie die Viehwirtschaft zu Lasten des Getreideanbaus. Es ist bezeichnend, dass das landwirtschaftliche Fachlehrbuch des Karthagers Mago nach 146 auf Beschluss des Senats ins Lateinische übersetzt wurde, das einzige Buch, dem in Rom je die Ehre einer staatlich angeordneten Übersetzung widerfuhr. Unter dem wachsenden Großgrundbesitz litt die Masse der Bauern sowohl deswegen, weil sie an der Nutzung des *ager publicus* unverhältnismäßig schwach beteiligt war, als auch durch die Aggressivität der ökonomischen Expansion, die sich auch auf die in Privatbesitz stehenden kleinen Höfe richtete; die Probleme der Bauern zeigten sich u. a. darin, dass die Anzahl der Abhängigen unter ihnen steil anstieg, sich viele Großgüter aus einer Summe von Pachtbauern bildeten. Es kamen noch andere, schwerwiegende Gründe für den Niedergang des römischen Bauernstandes hinzu. Seit Oberitalien ‚befriedet' war, stockte die Kolonisationspolitik, denn sie hatte in erster Linie der militärischen Sicherheit, nicht der Versorgung der Mittellosen gedient; die Kolonien waren vor allem Festungen, keine Auswandererstädte. Sehr ungünstig wirkte sich für den Bauern auch der Militärdienst aus, der jetzt in Übersee und oft über längere Zeit hindurch, in der der Hof nicht angemessen versorgt werden konnte, abgeleistet werden musste. So trafen manche Ursachen zusammen, dass sich ein wachsendes Reservoir von unbemittelten Römern bildete, die naturgemäß meist nach Rom wanderten, weil sie dort von der Regierung Hilfe, vor allem die Versorgung mit Land erwarteten.

In der römischen Nobilität fanden sich auch einflussreiche Personen, die der sozialen Not der landlosen Bürger abzuhelfen trachteten. Bereits in den siebziger Jahren war durch ein Gesetz versucht worden, das Maß des okkupierten Staatslandes auf 500 Joch (ca. 125 ha) zu beschränken; doch es war kaum beachtet worden, weil in den langen Jahren der Nutzung das okkupierte Land mit dem Privatbesitz der Okkupanten verschmolzen und eine Wiederherstellung der alten Besitzverhältnisse, die das Staatsland aussonderte, wenn überhaupt, dann nur mit Hilfe einer außergewöhnlichen Rechtsgewalt möglich zu sein schien. Im Jahre 140 brachte dann der Konsul C. Laelius ein Reformgesetz ein, doch zog er seinen Antrag angesichts des erbitterten Widerstandes des Senats wieder zurück.

Erst durch Tiberius Sempronius Gracchus, der über seine Mutter Cornelia ein Enkel des großen Hannibalsiegers P. Cornelius Scipio Africanus und über seine Schwester ein Schwager des Scipio Aemilianus (durch Adoption ebenfalls Enkel des Africanus Maior) war, wurde die Reform, zunächst von etlichen Nobiles unterstützt, energisch vorangetrieben. Er ließ sich für 133 zum Volkstribunen wählen und nahm in seinem Tribunat, das er in einem ideellen Rückgriff auf die Ständekämpfe als eine Institution des politischen Kampfes für die breite Masse der Römer auffasste, das alte Gesetz über die Beschränkung des Okkupationsrechts am *ager publicus* wieder auf, erweiterte aber den Maximalsatz von 500 Joch für jeden Sohn um je 250 bis zum Höchstmaß von 1000 Joch und gab darüber hinaus diesen überlassenen Teil den Okkupanten zu Eigentum. Das übrige, frei gewordene Staatsland sollte zu je 30 Joch an mittellose Römer verteilt werden und, damit es nicht wieder aufgekauft werden konnte, durch eine öffentlich-rechtliche, die freie Verfügung einschränkende Abgabe unveräußerlich sein (*ager privatus vectigalisque*). Um ferner die Schwierigkeiten, an denen das ältere Gesetz gescheitert war, zu beseitigen, wurde mit der Landverteilung eine Ansiedlungskommission von drei Männern betraut, die außergewöhnliche gerichtliche Vollmacht erhielt und so die Trennung des Staatslandes von dem Privatland der reichen Okkupanten garantieren konnte (*tresviri agris dandis adsignandis iudicandis*). Das Gesetzesvorhaben fand den stärksten Widerstand des Senats, der dann auch durch den Volkstribunen C. Octavius gegen den Antrag Einspruch einlegen ließ. Den Einspruch (Interzession), der den Antrag von Rechts wegen aufhob, beantwortete Ti. Gracchus unter der begeisterten Zustimmung einer von wachsender Erregung getragenen Volksversammlung mit der Absetzung des Tribunen. Damit hatte er jedoch dem Senat die politische Kontrolle über die Exekutive, die in der Aufforderung an Beamte zur Kassation der kritisierten Handlung lag, aus der Hand geschlagen, und die von Tiberius gegebene Begründung für diese unerhörte Tat, die vorher niemand jemals auch nur in Erwägung gezogen hatte, war ebensowenig geeignet, die Senatoren zu besänftigen. Er erklärte nämlich, Octavius habe nicht im Interesse des Volkes gehandelt, und gab dadurch zu erkennen, dass dem Volksinteresse, was immer einer jeweils darunter verstanden wissen wollte, die Qualität eines Rechtsgrundsatzes zukomme. Das Gesetz wurde jedenfalls daraufhin durchgebracht und die Ansiedlungskommission, in der neben Tiberius auch sein

Bruder Gaius und sein Schwiegervater Ap. Claudius Pulcher saßen, mit außerordentlichen Rechtsvollmachten zur Feststellung des dem *ager publicus* zugehörigen Landes versehen. In den folgenden Jahren war diese Kommission rege tätig und hat Zehntausende mit Land versorgt.

Die Gründe, die Ti. Gracchus zu der rigorosen Methode der Durchsetzung seines Gesetzes trieben, lagen nicht nur in der Sorge um die wirtschaftliche Not des Bauernstandes, sondern auch in der durch sie verursachten Schwächung des Milizwesens. Denn da der Soldat sich selbst ausrüsten musste, war der Militärdienst an ein gewisses Vermögen – in der Regel ein Bauernhof mittlerer Größe – gebunden, und so viel hatten, wie die Vergangenheit lehrte, immer weniger Römer aufweisen können. Sein politisches Ziel war daher durchaus nicht revolutionärer Art. Er wollte vor allem dem Bauernstand wieder seine alte Stärke zurückgeben und mit ihm dem Instrument, auf dem die römische Macht ruhte, dem Heer, die alte Rekrutierungsbasis erhalten. Er nahm dabei niemandem, das sei besonders herausgehoben, ein Stück Eigentum weg, mochten auch viele Nobiles das von ihnen okkupierte Land schon als etwas ihnen Gehöriges angesehen haben. Und doch war er ein Revolutionär. Er hatte nämlich, da er sich nicht anders durchsetzen konnte, sein Ansiedlungsgesetz jedoch für den Bestand des Staates als unabdingbar ansah, durch die Absetzung des interzedierenden Kollegen dem Senat die politische Entscheidungsgewalt genommen und sie auf die Volksversammlung oder genauer – da die Volksversammlung passiv war, nur auf Anträge des sie leitenden Magistrats reagieren, also nicht agieren konnte – auf den die Volksversammlung leitenden Beamten übertragen. Damit war ein zweites politisches Entscheidungszentrum neben dem Senat geschaffen und also das jahrhundertealte soziopolitische Gefüge in Frage gestellt worden.

Um der Anklage nach dem Ablauf der Amtsperiode zu entgehen, versuchte Ti. Gracchus, an sein Tribunat, das wie alle Ämter ein Jahresamt war, ein zweites unmittelbar anzuschließen, und plante darüber hinaus eine ganze Reihe weiterer Gesetze, durch die er seine politische Basis zu verbreitern hoffte (sein Bruder nahm sie später wieder auf). Doch noch bevor er wiedergewählt wurde, inszenierten seine Gegner einen Tumult, in dem er mit vielen seiner Anhänger erschlagen wurde. Im folgenden Jahre wurden durch außerordentliche Gerichte weitere Gefolgsleute verfolgt und hingerichtet. Die Ansiedlungskommission hat indessen auch nach dem Tode des Tiberius weitergearbeitet, und offensichtlich hat sich die Nobilität mit den Ansiedlungen tatsächlich abgefunden, dies ein deutliches Zeichen dafür, dass der eigentliche Stein des

Anstoßes nicht die Landverteilung, sondern die sich aus ihr entwickelnde Umschichtung des politischen Entscheidungsprozesses gewesen war. Im Jahr 129 wurde jedoch die Arbeit der Kommission durch den Entzug ihrer gerichtlichen Kompetenzen praktisch lahmgelegt, und dies wohl nur in zweiter Linie aus Abneigung gegen die Landverteilung, vielmehr vor allem deswegen, weil die Verteilung an die Grenzen ihrer Möglichkeiten gelangt war: Das noch zur Verteilung bereitstehende Staatsland war von den Honoratioren der italischen Bundesgenossen okkupiert, die aber als Nichtrömer an der allgemeinen Landverteilung nicht beteiligt waren. Hätte die Kommission auch dieses Land angegriffen, wäre damit notwendigerweise das Italikerproblem angerührt und zu einer Lösung gedrängt worden – was viele fürchteten und damals kaum jemand ernstlich wünschte.

Mit der Beseitigung des Ti. Gracchus war dessen politische Richtung nicht tot. M. Fulvius Flaccus versuchte in seinem Konsulat (125) durch eine Erweiterung des römischen Bürgerrechts auf die Italiker den Hinderungsgrund für eine weitere Landverteilung zu beseitigen, stellte damit aber die Italikerfrage zur Diskussion. Er setzte sich nicht durch, und erst Gaius Gracchus konnte daher, als er für 123 zum Volkstribunen gewählt worden war, die Politik seines Bruders, allerdings mit ganz neuen Akzenten, fortsetzen.

Ebenso wie unter Tiberius blieb es unter Gaius dabei, dass der Volkstribun mit Hilfe der Volksversammlung eigene, vom Senat unabhängige Politik machte; obwohl die Volksversammlung hier nur Instrument in der Hand eines Politikers war, nannte man diese Politiker später „Männer des Volkes" (*populares*), und damit behielt die neue Form politischer Willensbildung weiterhin ihren romantischen Bezug auf die Zeit des Ständekampfes, in der das Volk (Plebs) einmal unter Führung der Volkstribune für die Verbesserung seiner sozialen und politischen Lage gekämpft hatte. Die außergewöhnlich umfangreiche und vielfältige Gesetzgebungstätigkeit des Gaius können wir in Gesetze scheiden, die der Reorganisation und Erneuerung des Staates dienten, und solche, die zur Durchsetzung der politischen Ziele die erforderliche Basis schaffen sollten. Zu den letzteren gehörte vor allem seine Gesetzgebung über den Ritterstand. Wohl schon 129 waren die Ritter als Stand faktisch dadurch konstituiert worden, dass jeder Senator, der wie alle wohlhabenden, über ein festgesetztes Mindestvermögen verfügenden Bürger bis dahin zu der Gruppe der Reiter (Ritter) gezählt worden war, mit dem Eintritt in den Senat sein Pferd abzugeben hatte und damit Senatoren und Ritter nun getrennte Gruppen wurden. Aber erst dadurch, dass Gaius den Rittern auch eine politische Aufgabe gab, die sie zudem noch von den Senatoren trennte, schuf er die Voraussetzung für ein politisches Standesbewusstsein der Ritterschaft und sicherte sich gleichzeitig damit Anhänger unter der nächst den Senatoren einflussreichsten Schicht. Er gab den Rittern die Geschworenenbänke für die Gerichte, die Erpressungsfälle abzuurteilen hatten (*quaestiones de repetundis*, das heißt „Gerichtshöfe zur Wiederbeschaffung der erpressten Gelder"), und da vor sie vornehmlich die senatorischen Statthalter gezogen wurden, die in ihren Provinzen u. a. die ritterständischen Händler und Steuerpächter zu kontrollieren hatten, war damit der Streit der Stände vorprogrammiert. Ferner erweiterte Gaius die Steuerpacht auf die Provinz Asia, was ebenfalls den Rittern zugute kam, und zog schließlich die hauptstädtische Plebs, die er für die Abstimmungen brauchte, durch ein großzügiges, den Getreidepreis stark senkendes Gesetz (*lex frumentaria*, „Getreidegesetz") an sich heran. Ein weiteres Gesetz schärfte den alten Grundsatz ein, dass kein Magistrat einen römischen Bürger hinrichten lassen dürfe, richtete sich also gegen die irregulären Hinrichtungen 133/132 und sollte Gaius und seine Anhänger schützen. Der Restitution des Staates hingegen galt seine Agrargesetzgebung, die teils die Gesetzgebung des Tiberius wieder aufnahm, teils, wegen des Mangels an Land in Italien, die Gründung von Kolonien außerhalb Italiens vorsah. Eine große Kolonie wurde dann auch auf dem Boden des alten Karthago niedergesetzt (Junonia). Neben anderen gesetzlichen Maßnahmen, die das harte Rekrutierungsrecht milderten sowie die Verteilung der Statthalterschaften unter die Beamten, die recht eigennützig gehandhabt worden war, betrafen, nahm Gaius auch das Italikerproblem erneut in Angriff. Es sollten alle Latiner das römische Bürgerrecht, die Bundesgenossen zumindest das Stimmrecht in den römischen Volksversammlungen erhalten.

Es gelang Gaius, sich für 122 zum Volkstribunen wiederwählen zu lassen. Sowohl die kompromisslose Art seines politischen Denkens als auch manche seiner Gesetze entfremdeten ihm jedoch viele Ritter und sogar große Teile der Plebs. Mit den Italikern nämlich mochten die Stadtrömer nicht das Stimmrecht teilen, und die außeritalische Kolonisation war dem italozentrischen Bewusstsein der Römer suspekt. Es gelang dem Senat sogar, die Gründung der Kolonie Junonia wieder aufzuheben, und im folgenden Jahre 121 wurde schließlich bei zunehmender Erhitzung des innenpolitischen Klimas vom Senat der förmliche Staatsnotstand ausgerufen und Gaius mit etwa 3000 seiner Anhänger niedergemacht.

Nur wenige der wesentlichen, dem Gedanken der Konsolidierung und Erneuerung des Staates verpflichteten Maßnahmen der beiden Gracchen setzten sich durch: Die Ackergesetzgebung blieb dadurch wirkungslos, dass schon bald der nominelle Zins für das zugewiesene Staatsland beseitigt und das Land in volles Privateigentum verwandelt wurde, es damit folglich in Zukunft auch aufgekauft werden konnte (111 v. Chr.), und die Italikergesetzgebung war überhaupt nicht durchgekommen. Es blieben hingegen die Gesetze, welche die Ritter und die Getreideverteilungen betrafen, also gerade diejenigen Gesetze, die von Gaius eher als Instrument denn als Ziel seiner Politik gedacht gewesen waren. Um die Ritter und die hauptstädtische Plebs, die C. Gracchus mit seinen Gesetzen hatte ködern wollen, nicht zu verbittern, wagte sich der Senat nicht an sie heran. Nach den schweren inneren Kämpfen, den ersten seit den Ständekämpfen vor nunmehr 250 Jahren, sehnte man sich nach Eintracht (*concordia*), der denn auch jetzt, wie zur Bannung der drohenden Zwietracht, eigens ein Tempel geweiht wurde.

Die Krise der Herrschaftsorganisation (Marius; die Italiker)

Nach dem Tode des C. Gracchus blieb der römische Staat fast 20 Jahre hindurch von schweren inneren Erschütterungen verschont. Doch gerade damals traten die Mängel der römischen Herrschaftsorganisation in den Provinzen ebenso wie an den Reichsgrenzen besonders krass zutage; zur Krise der inneren Führung kam somit die allgemeine Herrschaftskrise, die um so bedrohlicher war, als sie bei den gegebenen sozialpolitischen Verhältnissen unlösbar zu sein schien.

Zunächst wurden als Konsequenz der Veränderungen auf dem Agrarsektor, insbesondere aufgrund der Ausnutzung von Sklaven als Arbeitskraft, mehrere Provinzen durch Sklavenaufstände schwer erschüttert. 136/5 bis 132 und wieder zwischen 104 und 101 erhoben sich in Sizilien viele Tausend Sklaven; zeitweise sollen es 70 000 gewesen sein. Nach 133 wurde auch Westkleinasien, das der letzte König von Pergamon, Attalos III., den Römern vermacht hatte, von Sklavenunruhen heimgesucht, und nach einigen Jahrzehnten relativer Ruhe unter den Sklaven fand die Erhebung unter Führung des Spartacus in Italien (73–71 v. Chr.), der vorläufig letzte Sklavenaufstand, wieder mehrere Zehntausend im bewaffneten Aufstand gegen Rom. Die Sklaven wollten keinen Umsturz der Gesellschaft; ihr Ziele erschöpften sich darin, sich die Freiheit zu erkämpfen oder auch die Position der Herren einzunehmen, deren Sklaven sie gewesen waren. Sie errichteten, wie auf Sizilien und in Kleinasien, Königreiche, die ein Spiegelbild ihrer Wunschträume waren, oder versuchten, wie unter Spartacus, aus dem Römischen Reich auszubrechen. Manche römischen Heere wurden von ihnen besiegt, doch am Ende alle Aufstände blutig, teils grausam niedergeschlagen.

Erwies sich die römische Herrschaftsorganisation schon bei der Niederwerfung der Sklavenaufstände als unbeholfen, zeigte sie sich gegenüber dem numidischen König Jugurtha in Nordafrika, der sich durch die Ermordung seiner Vettern des ganzen Reiches des großen Massinissa bemächtigt hatte, gänzlich unfähig. Weder die römische Diplomatie noch die Militärführung wurden mit ihm fertig; neben blamablen militärischen Unzulänglichkeiten traten in diesem Krieg charakterliche Schwächen (Grausamkeit, Bestechlichkeit) der römischen Führung offen zutage. Der Konsul Q. Caecilius Metellus, nach seinem Triumph Numidicus beigenannt, konnte den seit 111 schwelenden Konflikt trotz mancher Erfolge auch nicht beenden (109–107). Erst C. Marius, ein ritterständischer Mann aus dem mittelitalischen Arpinum, der zunächst im Gefolge des Metellus emporgestiegen war und durch seine Heirat mit Julia, der Tante des späteren Diktators Caesar, sogar Eingang in die Nobilität gefunden hatte, vermochte nach Erlangung des Konsulats im Jahre 107 den Krieg durch eine energische Führung, aber auch durch die Hilfe glücklicher Umstände – der König Bocchus von Mauretanien unterstützte ihn – erfolgreich abzuschließen (105). Das Reich wurde unter Bocchus (er erhielt den Westen) und Gauda, einem Enkel des Massinissa, aufgeteilt, Jugurtha im Triumphzug durch Rom geschleppt und anschließend im *carcer Tullianus* erdrosselt.

Die schwerste Niederlage aber mussten die Römer im Kampf gegen die seit 113 an den Reichsgrenzen auftauchenden germanischen Stämme, Kimbern, Teutonen und Ambronen, einstecken. Die Land suchenden Scharen erschienen zuerst im Nordosten Italiens (113), wo sie ein römisches Heer schlugen; seit 110, nachdem sie im Raum nördlich der Alpen umhergezogen waren, strömten sie nach Gallien, wo die Römer zwischen 125 und 121 eine neue Provinz, Gallia Narbonensis, errichtet und durch sie die Verbindung zwischen Italien und Spanien gesichert hatten. Zweimal, 109 und 105, wurden hier konsularische Heere geschlagen. Die letzte Niederlage bei Arausio (Orange) war der furchtbarste Aderlass seit Cannae; über 50 000 Römer sollen in der Schlacht umgekommen sein. Italien schien den Germanen offen zu liegen. Es war ein Glück, dass die Völkerscharen zunächst nach Spanien abzogen, so dass die Römer zur Wiederherstellung ihrer Verteidigungskraft mehrere Jahre Ruhe hatten.

Die traditionelle römische Militärordnung hatte sich als unfähig erwiesen, die anstehenden Reichsprobleme zu lösen. Auf der Suche nach einem Retter aus der Not richteten sich in Rom alle Augen auf Marius, der den Krieg gegen Jugurtha so glänzend beendet hatte. Marius, der sich unter den Gebildeten und Vornehmen, zu denen er aufgestiegen war, eher unsicher fühlte, war ein glänzender Soldat; er hatte sich nicht nur als guter Stratege, sondern auch als ein Feldherr bewährt, der ein offenes Herz für die Sorgen und Nöte des einfachen Soldaten besaß. Er wurde nun Jahr für Jahr zum Konsul gewählt und damit die Annuität des höchsten Amtes, eine der Grundlagen der aristokratischen Ordnung, für die Zeit der Not faktisch aufgehoben. In der Atempause, welche die Germanen den Römern nach Arausio gewährt hatten, reformierte er das Heer. Weil es den Römern an wehrfähigen (das heißt ein Mindestvermögen besitzenden) Soldaten mangelte und zudem immer mehr langjährig Dienende benötigt wurden, ermöglichte er auch den besitzlosen Römern den Eintritt ins Heer. Damit begann das Heer den Charakter eines bäuerlichen Milizheeres zu verlieren: Der besitzlose Soldat musste vom Staat ausgerüstet werden, und er hatte während des Militärdienstes keinen anderen Beruf als den des Soldaten. In der Tat strömten nun die Habenichtse dem ruhmreichen Feldherrn zu Tausenden zu. Marius reformierte das Heer darüber hinaus durch mancherlei sinnreiche technische Neuerungen, welche die Ausrüstung und das soldatische Reglement betrafen. Vor allem aber hat wohl schon er gegenüber den in kompakteren Haufen kämpfenden Germanen an die Stelle der in Manipel aufgelösten Linie das römische Aufgebot in größeren, 500–600 Mann umfassenden Einheiten, den Kohorten *(cohortes)*, zusammengefasst, die in der Schlacht starke, bewegliche Kampfgruppen bildeten und sich auch zur Reservebildung besser eigneten. Damit war eine neue taktische Einheit geschaffen, die Caesar später weiterentwickelt hat und die noch im kaiserzeitlichen Heer die Grundeinheit bleiben sollte. Mit dem reformierten Heer, das Marius eisern trainierte und an den Anblick der gefürchteten Feinde gewöhnte, hat er die Germanen besiegt. Da sie sich nach ihrer Rückkehr aus Spanien zum Sturm auf Italien geteilt hatten, konnte er die Eindringlinge getrennt schlagen, die Teutonen im Jahre 102 bei Aquae Sextiae in Südgallien, im folgenden Jahre die Kimbern, gemeinsam mit Q. Lutatius Catulus, bei Vercellae in Oberitalien.

Die militärpolitischen Veränderungen blieben nicht ohne Rückwirkung auf die inneren Verhältnisse in Rom. Denn da die meisten Soldaten des Marius ohne Besitz waren, konnten sie nicht, wie der Milizsoldat, mit einem Beuteanteil einfach in ihre Heimat entlassen werden: Sie besaßen ja keinen Hof, auf den sie zurückkehren konnten; ein Landstück und damit ein Stück Heimat musste ihnen vielmehr erst beschafft werden, und derjenige, der nach den Vorstellungen der Zeit dafür Sorge zu tragen hatte, war der Feldherr, unter dem sie gedient hatten. Gegen den widerstrebenden Senat erlangte Marius mit Hilfe des Volkstribunen L. Appuleius Saturninus im Jahre 103 zunächst für seine afrikanischen Veteranen Siedlungen in Afrika (*coloniae Marianae*). Schon in diesem Jahr scheint Saturninus auch ein Getreidegesetz eingebracht zu haben, das allerdings durchfiel. Dies zeigt deutlich, wie das neue Problem der Veteranenversorgung die alten Wunden wieder aufriss: Marius musste sich zur Durchsetzung seiner Wünsche erneut der gracchischen Methode bedienen, das heißt mit Hilfe von Volkstribunen dem Senat seinen Willen aufzwingen. Mit der Erneuerung der alten Gegensätze begannen sich die Parteiungen darum nun schärfer voneinander abzugrenzen: Den Popularen, die sich in der Nachfolge der Gracchen fühlten, traten jetzt die Optimaten, wie sich die Anhänger des Senats nannten, gegenüber.

Nach dem Sieg über die Germanen waren erneut Veteranen anzusiedeln. In einem zweiten Volkstribunat (100) setzte Saturninus, unterstützt vom Prätor C. Servilius Glaucia, die Errichtung außeritalischer Kolonien (in Sizilien, Achaia, Makedonien und Gallien) durch und zwang die widerwilligen Senatoren sogar durch Eid, sich dem Gesetz zu fügen. Q. Caecilius Metellus Numidicus, der sich standhaft weigerte, den Eid abzulegen, musste in die Verbannung gehen. Marius hatte sich damit ganz in die Hände der Popularen begeben; Saturninus beherrschte das Feld. Die radikalen Anhänger des Marius terrorisierten jedoch den innenpolitischen Raum in einem Maße, dass die Ritter auf die Seite des Senats traten und Marius, der in diesem Jahre zum 6. Male Konsul war, den vom Senat ausgerufenen Notstand schließlich selbst durchführen und also seine eigenen Anhänger erschlagen lassen musste. Damit war Marius ein politisch toter Mann; er verließ denn auch Rom und reiste nach Kleinasien. Das Ansiedlungsgesetz des Saturninus wurde vom Senat wieder kassiert.

Nach dem Sieg des Senats über seine Widersacher glaubte man, auch an das Problem der Geschworenenbänke herangehen zu können. Als Geschworene der Strafgerichte hatten die Ritter ihre egoistischen materiellen Interessen bei Handel und Steuerpacht dadurch durchgesetzt, dass sie unter Missbrauch ihrer richterlichen Pflichten die Gerichte zur Erpressung der Beamten missbrauchten, unter deren Administration sie ihre Geschäfte betrieben, und damit jede ordentliche Provinzialverwaltung unmöglich machten. Im Jahre 91 versuchte M. Livius Drusus als Volkstribun den Missstand durch den Plan zu beheben, den Rittern die Geschworenenbänke zu nehmen, sie aber dafür durch die Aufnahme von 300 politisch einflussreichen Männern ihres Standes in den Senat zu entschädigen, womit das Problem allerdings nur kurzfristig gelöst worden wäre. In den über diesen Antrag ausbrechenden schweren inneren Unruhen geriet Drusus sehr bald in das populare Fahrwasser: Er begann eine rege Gesetzgebungstätigkeit mit den für die Popularen typischen Materien (Getreide-, Ansiedlungs- und Richtergesetz) und nahm schließlich sogar als Vorbereitung einer groß angelegten Italikergesetzgebung Verbindungen zu den Italikern auf. Doch wurden seine Anträge abgelehnt, er selbst sogar ermordet. Sein Tod war das Fanal für den Aufstand der Italiker gegen Rom (Bundesgenossenkrieg).

Die Mehrzahl der Bundesgenossen in Mittel- und Süditalien entschlossen sich nun zum bewaffneten Kampf gegen die römische Vormacht; nur die Städte und Stämme Umbriens und Etruriens sowie die griechischen Städte blieben neben den meisten Latinischen Kolonien Rom treu. Die Italiker gründeten eine Art Gegen-Rom: Corfinium in Mittelitalien wurde ihre neue Hauptstadt Italia, wo ein Gegensenat zusammentrat. Der Bruderkrieg forderte schreckliche Verluste, und die Römer sahen daher schnell ein, dass der Kampf nicht, wie alle ihre anderen, konsequent zu Ende geführt werden konnte. Sie gaben nach. Noch im Jahre 90 gewährte das Gesetz des Konsuls L. Julius Caesar allen Latinern und Italikern, die bei der römischen Sache geblieben waren, das römische Bürgerrecht; im Jahre darauf wurde durch ein weiteres Gesetz zweier Volkstribune (*lex Plautia Papiria*) auch allen aufständischen Bundesgenossen südlich des Po, soweit sie die Waffen niederlegten und sich innerhalb von 60 Tagen in Rom meldeten, das Bürgerrecht gewährt, und im gleichen Jahre ergänzte der Konsul Cn. Pompeius Strabo die Italikergesetzgebung durch die Verleihung des latinischen Bürgerrechts an alle Bundesgenossen nördlich des Po. Die Kämpfe flauten daraufhin schnell ab. Ende 89 war es fast überall ruhig; nur einige Plätze Süditaliens, vor allem im Gebiet der Samniten, die hier zu ihrem letzten Kampf gegen Rom antraten, standen noch in Aufruhr.

Abgesehen vom transpadanischen Gebiet stellte Italien nun ein einheitliches Gebiet römischer Bürger dar, eine Entwicklung, die für den römischen Staat erhebliche Folgerungen mit sich bringen sollte.

Da Rom jetzt ein gewaltiges territoriales Gebilde geworden war, musste die erste und wichtigste Forderung auf die Schaffung einer neuen, den veränderten Verhältnissen angemessenen Verwaltungsorganisation gerichtet sein. Wie aber sollte das die kleine Schicht regierender Herren bewältigen? Ferner war zu erwarten, dass die Neubürger, die an Zahl die Altbürger weit übertrafen, durch die Abstimmungen in den Volksversammlungen, in denen die Beamten gewählt und die Gesetze verabschiedet wurden, neue Leute in die höchsten Ämter bringen und damit die Zusammensetzung der regierenden Schicht ändern würden. Letzterem war allerdings vorerst dadurch ein Riegel vorgeschoben worden, dass die Neubürger nur in 8 der 35 Wahlkörper (Tribus) abstimmen durften, sie also ein zurückgesetztes politisches Stimmrecht erhielten.

An die Herrschaftskrise in Italien schloss sich nahtlos eine neue Krise der Reichsherrschaft an. Der König Mithradates VI. Eupator von Pontos in Kleinasien (132/131–63), der um die Schwarzmeerküsten ein großes Reich errichtet hatte, bedrängte, zeitweise im Bunde mit seinem Schwiegersohn, dem König Tigranes von Armenien, schon seit dem Ende des 2. Jahrhunderts das mittlere und westliche Kleinasien. Den Schiedssprüchen römischer Gesandter trotzte er und fiel schließlich in der Zeit größter römischer Schwäche, noch während des Bundesgenossenkrieges, auch in Westkleinasien ein, besetzte die Provinz Asia und ließ durch ein in Ephesos erlassenes Edikt alle Römer und Italiker, deren er habhaft wurde, ermorden (es sollen 80 000 gewesen sein). Darauf besetzten seine Feldherren die Inseln der Ägäis, und in dem allgemeinen Römerhass, der sich in den vergangenen hundert Jahren aufgestaut hatte, fiel ihm fast ganz Griechenland zu. Über die Führung des anstehenden Krieges entzweiten sich erneut die Parteiungen in Rom, die jeweils ihrem Kandidaten das militärische Kommando und damit Einfluss auf die staatlichen Verhältnisse zu sichern trachteten. Der Senat übertrug das Kommando im Jahre 88 dem Konsul L. Cornelius Sulla, einem im Krieg gegen Jugurtha und gegen die Italiker erprobten Feldherrn und eingefleischten Optimaten; doch nahm der Volkstribun P. Sulpicius Rufus ihm den Kriegsauftrag im gleichen Jahr durch Gesetz wieder ab und übertrug Marius das Kommando. Der popularen Richtung versuchte Sulpicius Rufus ferner dadurch eine breitere Basis zu verschaffen, dass er die Neubürger in alle Tribus aufzunehmen befahl.

Sulla nahm seine Entlassung aus dem Kriegsauftrag nicht widerspruchslos hin. Die durch den Bundesgenossenkrieg deutlich gesenkte Schwelle der Gewalt, die zeitweise den gesamten politischen Binnenraum beherrscht hatte, schloss den Gedanken an eine militärische Lösung der Streitfrage nicht mehr aus, und Sulla war unbedacht genug, sich in diesem Sinne zu entscheiden. Er, der damals in Kampanien zum Kriege gegen Mithradates rüstete, brach mit dem Heer nach Rom auf, nahm die Stadt mit Gewalt, ließ etliche seiner Gegner zu Staatsfeinden erklären und hinrichten (auch Sulpicius Rufus fand den Tod) und die gesamte Gesetzgebung des Sulpicius kassieren. Der „Marsch auf Rom" war ohne Beispiel; niemals zuvor hatte ein Beamter versucht, den in der Stadt konzentrierten staatlichen Institutionen und der sie tragenden Gesellschaft mit bewaffneter Gewalt seinen Willen aufzuzwingen. Der Marsch brachte die politische Kultur der Vergangenheit, die bereits bei der Beseitigung der Gracchen schweren Schaden erlitten hatte, nun endgültig aus dem Gleichgewicht.

Nach seinem Militärputsch brach Sulla in den Osten gegen Mithradates auf; er setzte den Krieg selbst dann fort, als nach seinem Abgang die populare Richtung unter Führung des L. Cornelius Cinna, Konsul 87, das Heft in Rom wieder an sich riss. Cinna rief den von Sulla geächteten Marius zurück und ließ ihn für das Jahr 86 zum 7. Male zum Konsul wählen. Der alt gewordene Marius betrat darauf wieder Rom. Nach einem furchtbaren Blutrausch, den der verbitterte Mann inszenierte, starb er jedoch bereits am 13. Januar 86. Das populare Regiment blieb indessen bestehen, und Cinna – er ließ sich bis 84 kontinuierlich zum Konsul wählen – begann eine rege Gesetzgebungstätigkeit, schickte Sulla sogar einen Nachfolger in den Osten.

Sulla hat zwischen 87 und 84 die Verhältnisse im Osten wieder konsolidiert. Griechenland wurde zurückgewonnen – Athen musste lange belagert werden –; das in den Osten beorderte populare Heer lief schnell zu ihm über, und Mithradates konnte auch aus ganz Westkleinasien verdrängt und schließlich zum Nachgeben gezwungen werden: Im Frieden von Dardanos (85) wurde der status quo ante im Osten wiederhergestellt. Darauf eilte Sulla nach Italien, wo ihm von vielen Seiten militärische Hilfe gebracht wurde – so gewann Cn. Pompeius für Sulla Afrika und Sizilien –, und besetzte zum zweiten Male das von den Popularen beherrschte Rom. Durch ihn war der innenpolitische Kampf soweit verschärft worden, dass die Politik nunmehr durch den Einsatz von Waffen entschieden wurde; die neue Rekrutierungsordnung, welche die Soldaten wegen der Notwendigkeit ihrer Versorgung nach dem Feldzug stärker an den jeweiligen Feldherrn band, hatte die Militarisierung der Politik ermöglicht: Wie die Notwendigkeit der Bewältigung von Herrschaftsaufgaben das Milizwesen weitgehend zerstörte, wurde die so veränderte Heeresstruktur wiederum der Auflösungsfaktor für die herkömmlichen Entscheidungsprozesse innerhalb der Nobilität. Der römische Staat, der als Folge des Bundesgenossenkrieges zudem noch durch die beinahe unlöslichen Probleme der Neuorganisation des Bürgergebietes belastet war, schien in der völligen Auflösung begriffen, und Sulla selbst hatte viel dazu beigetragen.

Die Restauration unter Sulla

Sulla war ein Anhänger der Senatspartei. Nach seinem Sieg wollte er darum die Herrschaft des Senats beziehungsweise der in ihm maßgebenden Nobilität in einem traditionellen Sinne sichern, und er tat dies nicht lediglich durch einige Reformgesetze, die vorangehende Gesetze korrigierten oder beseitigten, sondern durch eine grundlegende, eine klare Analyse der zentralen Probleme des Staates verratende Gesetzgebung. Sulla fühlte sich dabei nicht als bloßer Parteigänger des Senats; von den Schwächen gerade auch der Optimaten wusste er wie kein anderer.

Schon die Art, wie er sich die Grundlage für sein Werk der Restauration schuf, zeigt seine Sonderstellung: Er ließ sich in aller Form zum Diktator mit der bestimmten Aufgabe zur Wiederaufrichtung des Staates auf gesetzlicher Grundlage ernennen (*dictator legibus scribundis et rei publicae constituendae*, „Diktator zur Niederschrift von Gesetzen und zur Wiederaufrichtung des Staates", 82 v. Chr.). Damit schuf er sich eine völlig neue Form von Diktatur, sozusagen das innerstaatliche Gegenstück zur alten Diktatur für äußere Notlagen, und erhielt mit ihr u. a. auch völlig freie Hand in der Gesetzgebung.

Die ersten Maßnahmen Sullas betrafen den Personenkreis, der künftig die regierende Schicht bilden sollte. Zuerst beseitigte er seine Gegner dadurch, dass er sie durch eine öffentlich ausgehängte Liste ächten (*proscribere*) ließ (die große Masse noch 82). Diesen Proskriptionen, deren Listen stets erweitert wurden, fielen etwa 40 Senatoren, über 1500 Ritter und viele andere Bürger zum Opfer. Die Grausamkeit der Maßnahme schockierte selbst die Anhänger Sullas; aber es handelte sich dabei nicht oder nicht nur um blutige Rache, sondern das Morden hatte System: Die Gegner ließ er so ausmerzen, wie er durch andere Maßnahmen die künftige Regierungsschicht weitgehend neu bildete: Der Senat wurde durch 300 Männer aus dem Ritterstand erweitert und ergänzte sich in Zukunft dadurch, dass jeder, der das unterste Amt, die Quästur, bekleidet hatte, automatisch Senator wurde. Damit waren die Zensoren, die bei der alle fünf Jahre erfolgenden Überprüfung der Senatsliste (*lectio senatus*) bisher unter den gewesenen Beamten noch eine gewisse Möglichkeit der Auswahl besessen, aber bei den innerstaatlichen Spannungen diese Aufgabe kaum mehr in einem überparteilichen Sinne hatten wahrnehmen können, überflüssig geworden, und der Ritterstand wurde auf diese Weise zusätzlich dezimiert. Darüber hinaus ordnete Sulla das Ämterwesen im Hinblick vor allem auf Anzahl, Aufgaben und Laufbahn der Beamten neu und brachte dabei auch die Anzahl der Beamten und die neue Zahl der Senatoren in ein stimmiges Verhältnis.

Da die Senatsherrschaft durch die populare Politik mittels des Volkstribunats und der Volksversammlung gefährdet worden war, beschnitt Sulla nun konsequenterweise die Rechte des Volkstribunen; insbesondere wurde sein Interzessionsrecht eingeschränkt, seine Gesetzgebungsinitiative an die jeweilige Zustimmung des Senats gebunden und dem Mann, der das Volkstribunat bekleidet hatte, die spätere Übernahme höherer Ämter untersagt. Das Gesetzesmonopol hatte nun wieder der Senat. Ebenso wie der Volkstribun musste der andere Gegner, die Ritter, in seine Schranken gewiesen werden. Ihnen wurden jetzt selbstverständlich die Geschworenenbänke genommen und den Senatoren zurückgegeben. Gleichzeitig regelte Sulla das sehr darniederliegende politische und kriminelle Strafrechtswesen, indem er mehrere neue ordentliche, das heißt auf Dauer eingerichtete Geschworenenhöfe (*quaestiones perpetuae*) unter Vorsitz je eines Prätors aufstellte (z. B. für Mord, *inter sicarios*; für Missbrauch der Wahlwerbung, *ambitus*).Die Neugliederung eines ganzen Sachgebietes zeigt deutlich den, römischem Denken durchaus nicht adäquaten, Hang Sullas zu systematischer Ordnung der Dinge.

Nicht minder wichtig waren diejenigen Maßnahmen Sullas, welche die von ihm selbst begonnene Militarisierung der Politik wieder aufheben sollten. Um das Ziel zu erreichen, wurde zunächst ganz Italien entmilitarisiert. In Konsequenz dieses Gebotes hatten künftig alle Beamten in Rom nur zivile Kompetenzen; auch die Konsuln und Prätoren, die ein Imperium, das heißt die militärische Kommandogewalt, besaßen, übten während ihres Amtes keine militärischen Aufgaben mehr aus: Die Konsuln waren die obersten Leiter aller zivilen Staatsgeschäfte, die Prätoren die Gerichtsbeamten in Zivil- und Strafsachen. Erst nach dem Amt übernahmen die Konsuln und Prätoren als Promagistrate (*pro magistratu: pro consule, pro praetore*) in den Provinzen auch militärische Funktionen. Die früher lediglich als Provisorium angesehene, bei Bedarf verlängerte Amtsgewalt, eben die Promagistratur, wurde damit zu einer regulären Gewalt, nämlich zur militärischen Kommandogewalt der außerhalb Italiens, in den Provinzen, operierenden Beamten. Da Sulla die Zahl der Imperiumsträger – zwei Konsuln und acht Prätoren – mit der Zahl der damaligen Provinzen in Übereinstimmung brachte (10: *Sicilia; Sardinia et Corsica; Hispania Citerior; Hispania Ulterior; Macedonia; Africa; Asia; Gallia Narbonensis; Cilicia; Gallia Cisalpina*), übernahm jeder von ihnen nach dem Amt eine (durch das Los bestimmte) Provinz für jeweils ein Jahr als Statthalter. Nur er sollte künftig Kriege führen dürfen, und dies auch nur innerhalb seiner Provinz. Italien wurde zu einem reinen Rekrutierungsgebiet. Die Absicht der Neuordnung, nämlich durch die Dezentralisierung der militärischen Macht der Gefahr einer erneuten Militarisierung der Politik zu begegnen, ist ebenso deutlich wie deren Nachteile: Große Reichsaufgaben, etwa der Krieg gegen einen ins Reich einbrechenden Feind, konnten so nicht bewältigt werden. Die sullanische Reichsordnung setzte ein völlig befriedetes Imperium und ungefährdete Grenzen voraus.

Die Masse seiner Gesetze (*leges Corneliae*) erließ Sulla im Jahre 81. Die umfangreiche Gesetzgebung, die in manchen besonders neuralgischen Bereichen, wie in der Strafrechtspflege und in der allgemeinen Administration, systematisch angelegt war, antwortete auf die Politik, die seit den Gracchen vornehmlich mit Hilfe von Gesetzen, zunächst insbesondere von den Gegnern des Senats, in Reaktion auf die Angriffe dann auch in immer stärkerem Maße von der Senatspartei, praktiziert worden war. Schon die Gesetzgebungstätigkeit unter den Gracchen und in den auf sie folgenden Jahrzehnten, vor allem aber das sullanische Gesetzeswerk selbst brachte in die römische Staatsordnung die Vorstellung, dass der Staat auf Gesetzen ruhe. In der Tat war der Staat, in dem man früher mit wenigen Gesetzen ausgekommen war und alles nach gewohnheitsmäßig feststehenden Regeln (*mores*) gehandhabt hatte, nun jedenfalls in weiten und gerade in den umstrittenen Bereichen im Recht darstellbar. Es fragte sich allerdings, ob die von Sulla oktroyierte öffentliche Rechtsordnung Ersatz für die verlorengegangene Eintracht sein konnte: Wenn die Gesetze nicht mehr von der Gesellschaft, nicht einmal von der, für die Sulla sie bestimmt hatte, nämlich der optimatischen Richtung unter den Nobiles, getragen wurden, nützten sie nicht viel. Die Zukunft musste zeigen, wie gut das Gebäude hielt und ob die strukturellen Zwänge, unter denen auch die Nobilität stand, es nicht wieder zum Einsturz brachten.

Zur Sicherung seiner Ordnung konnte Sulla und konnten nach ihm seine Anhänger auf zwei Stützen vertrauen, die nicht nackte Institutionalisierung der Ordnung, sondern eine hinter ihr stehende soziale Kraft darstellten. Das waren einmal die zahlreichen Veteranen, die Sulla in Italien auf dem Boden der enteigneten Gegner und auf dem Gebiet von Stämmen und Städten ansiedelte, die ihm im Bürgerkrieg feindlich entgegengetreten waren. Sie stellten ein stets bereites Rekrutenreservoir dar. Dass seine Ordnung durch eine Unzufriedenheit der Neubürger gefährdet werden könnte, verhinderte er durch die ihm gewiss nicht leicht gefallene Anerkennung des Sulpicischen Gesetzes, das die Neubürger auf alle 35 Tribus verteilt und damit die Einschränkung des politischen Stimmrechts aufgehoben hatte. Eher seiner persönlichen Sicherheit dienten die zahlreichen, ca. 10 000 Freigelassenen, die er zum großen Teil aus der Sklavenschaft von Proskribierten in die Freiheit entlassen hatte. Sie, die alle seinen Familiennamen führten (Cornelii), konnten als eine persönliche Leibwache gelten.

Im Jahre 79 legte Sulla seine Diktatur nieder, dies angesichts der Grausamkeit seines Regiments fast ein Affront. Er zog sich auf sein Landgut zurück und schrieb Memoiren, starb jedoch bereits ein Jahr später an einem Blutsturz auf Grund einer Lungentuberkulose. Er blieb seinen Anhängern nicht minder unheimlich und rätselhaft als seinen Gegnern. Von niemandem geliebt zu werden schien ihn nicht zu bekümmern. Er machte den Eindruck eines Menschen, der in sich selbst ruhte, nur seinem Schicksal, das ihm günstig war, und seinem Glück vertrauend. Den zerstörten Fortuna-Tempel von Praeneste (heute Palestrina) hat er nach der Einnahme der Stadt wiederherstellen lassen und sich selbst den Beinamen Felix zugelegt. Aber wieweit darin eigene Gläubigkeit sich ausdrückte oder damit lediglich auf die Umwelt gewirkt werden sollte, darin vielleicht auch nur Spielerei steckte oder wieviel von jedem, ist schwer erkennbar.

Die Auflösung der Republik

Der Aufstieg des Pompeius und die Aushöhlung der sullanischen Ordnung

Sulla hatte geordnete Verhältnisse hinterlassen, und die Optimaten konnten sich hinter den von ihm aufgerichteten verfassungsrechtlichen und militärischen Barrieren sicher fühlen. Trotzdem mochten selbst diese sich in der veränderten Welt nur ungern einrichten. Nicht nur die Erinnerung an die grausamen Bluttaten und an die Enteignungen, nicht lediglich auch der Anblick der Kreaturen Sullas, die sich bereichert hatten, oder der ungeliebten Veteranen und Freigelassenen, von denen man sich geschützt glauben sollte, hielt die meisten davor zurück, das Leben in der neuen Ordnung freudig zu begrüßen. Viele Optimaten beschlich jetzt auch das Gefühl, dass mit den Maßnahmen Sullas ein Stück der alten Freiheit, nämlich das unbeschwerte Zusammenspiel der Kräfte als Ausdruck des freien politischen Zusammenlebens der großen Familien, dahingegangen sei. Unter den Vornehmen wurde es daher mehr als nur eine Mode, die sullanische Ordnung, die doch die Nobilität wieder in den Sattel gehoben und den Senat erneut zur zentralen politischen Mitte gemacht hatte, zu kritisieren und zu verdächtigen. So fand Sertorius, ein Römer aus dem Sabinerland, dem es seit 80 gelungen war, den größten Teil des diesseitigen Spanien für die populare Partei zu halten, nicht wenige Anhänger, und nur ein Jahr nach dem Tode Sullas versuchte sogar der Konsul des Jahres 78, M. Aemilius Lepidus, der alten marianischen Anhängerschaft in Italien wieder eine Führung zu geben, und scheute dabei vor Gewalt nicht zurück. Zwar wurde der Aufstand des Lepidus noch in demselben Jahre niedergeschlagen – wer von seinen Anhängern entkam, flüchtete meist zu Sertorius –, und auch dieser, der gerade jetzt auf dem Höhepunkt seiner Macht stand, konnte seit 75 vom Senat in die Schranken gewiesen werden. In den Kämpfen gegen ihn tat sich besonders Cn. Pompeius, der Sohn des angesehenen Konsulars und ehemaligen Generals Pompeius Strabo, hervor, der, damals noch nicht dreißigjährig, ein außerordentliches Kommando erhalten hatte.

Trotz allem bekam der Staat nicht die ersehnte Ruhe: Im Osten brach der Krieg mit Mithradates VI. erneut aus. Diesmal entzündete sich der Konflikt an Bithynien, einer östlich des Bosporus am Schwarzen Meer sich hinziehenden Landschaft, deren letzter König Nikomedes IV. sein

Reich den Römern vermacht hatte; als Mithradates dies nicht hinnehmen wollte, war ein Waffengang mit ihm unvermeidlich geworden (74). Seit 73 wütete ferner in Unteritalien der Krieg gegen aufständische Sklaven unter Führung des Spartacus, der größte Sklavenkrieg, den die Römer je zu führen hatten; er war eine Folge der Veränderungen auf dem Agrarsektor, wo der Sklave als Arbeitskraft immer größere Bedeutung erhalten hatte, und der unaussprechbaren Not des im Bundesgenossenkrieg und danach so schwer heimgesuchten Unteritalien. Bei all diesen Katastrophen durften die Römer von Glück sagen, dass wenigstens gute Feldherren zur Stelle waren. L. Licinius Lucullus, dem seit dem Ausbruch des Krieges mit Mithradates die Hauptlast des Kampfes zugekommen war, erwies sich als ein glänzender General und trieb Mithradates und dessen Schwiegersohn Tigranes, den König von Armenien, immer tiefer in ihr Land hinein. Für die Innenpolitik wichtiger waren hingegen die in der Nähe Italiens gegen Sertorius und die Sklaven kämpfenden Generäle: Pompeius konnte zusammen mit Q. Caecilius Metellus Pius, dem langjährigen Prokonsul des jenseitigen Spanien (79–71), Sertorius besiegen; nach dessen Ermordung im Jahre 72 war die spanische Gefahr vorüber. Den Sklavenaufstand schlug M. Licinius Crassus, der sich unter Sulla an den Gütern der Proskribierten bereichert hatte, grausam nieder; die letzten, nach Norden flüchtenden Reste des Sklavenheeres liefen dem aus Spanien zurückkehrenden Pompeius in die Arme, der sich nach deren Vernichtung auch mit der Beendigung des Sklavenkrieges brüstete (71). Von den beiden Siegern erwartete man in Rom nun eine Konsolidierung auch der inneren Situation. Da nur wenige unbeschwert an die sullanische Vergangenheit denken mochten und zudem zur allgemeinen Beruhigung der inneren Situation eine versöhnliche Geste gegenüber dem von Sulla besiegten innenpolitischen Gegner überfällig zu sein schien, musste die Bereinigung der inneren Probleme mit einer Korrektur der sullanischen Ordnung verbunden sein.

Pompeius und Crassus wurden für das Jahr 70 zu Konsuln gewählt. Sie erfüllten die allerseits an sie gestellten Erwartungen dadurch, dass sie die dem Volkstribunat auferlegten politischen Beschränkungen, insbesondere die Bindung des tribunizischen Antragsrechts an den Senat und das Verbot der weiteren Amtskarriere für Inhaber dieses Amtes, aufhoben und die von Sulla so arg mitgenommenen Ritter mit der staatlichen Ordnung aussöhnten. Der Kompromisscharakter der Gesetzgebungstätigkeit des Jahres enthüllte sich vor allem im Richtergesetz, das der Prätor L. Aurelius Cotta im Auftrage der beiden mächtigen Konsuln durchsetzte (*lex Aurelia iudiciaria*): Die Geschworenenbänke sollten künftig die Senatoren und Ritter zu je einem Drittel, zu einem weiteren Drittel die Ärartribune besetzen. Die letzteren stellten eine Gruppe wohlhabender Funktionäre der Tribusorganisationen dar, die Ritterzensus besaßen; ihre Heranziehung zu den Geschworenenpflichten sollte wahrscheinlich verhindern, dass die Steuerpächter (*publicani*),die sich bislang vor allem auf den Geschworenenbänken gedrängelt und eine ordentliche Provinzialverwaltung verhindert hatten, die Senatoren majorisierten. Tatsächlich war mit diesem Richtergesetz der Kampf um die Geschworenensitze, der seit C. Gracchus getobt und so viel Unheil angerichtet hatte, entschärft. Die Gefahr eines erneuten Ausbruchs der inneren Unruhen konnte als eingedämmt gelten, und den Römern mochte es wie ein Akt der Reinigung erscheinen, als im Jahre 70, ganz gegen die Intentionen Sullas, sogar Zensoren gewählt und von ihnen 64 Senatoren, weitaus die Mehrzahl unwürdige Gestalten aus der Ära Sullas, aus dem Senat gestoßen wurden.

Die Gefahr für den Frieden und die Sicherheit der neuen Ordnung kam von ganz anderer Seite, und sie war um so schwerer zu bekämpfen, als sie zunächst nicht als Bedrohung, sondern als Rettung des Staates aus schwerer Bedrängnis auftrat: Das gewaltige Reich brachte eine immer wachsende Anzahl auch militärischer Probleme mit sich, die mit der Militärordnung Sullas, die lediglich den Statthaltern eine auf ihre Provinz beschränkte militärische Kommandogewalt gab, nicht zu bewältigen waren. Rom durfte sich zwar als den unbestrittenen Herrn der Welt ansehen, aber angesichts der aus innenpolitischen Rücksichten notwendigen Paralysierung der militärischen Gewalt fühlten sich selbst die Räuber beinahe ungestört; an größere Unternehmungen war nach der geltenden Militärordnung überhaupt nicht zu denken. Es blieb daher nichts übrig, als zur Rettung aus kriegerischer Bedrängnis besondere, nur für den bestimmten Zweck eingerichtete Kommandogewalten mit außerordentlichen, das heißt die geltende Verfassungsordnung sprengenden, Vollmachten zu errichten; in ihnen war sowohl die zeitliche Dauer (Annuität) als auch der Aufgabenbereich der Gewalt (bisher: Provinz) zur Disposition gestellt. Da der Senat solche außerordentlichen Vollmachten nicht geben konnte und wollte, war die Volksversammlung hier das kompetente Organ, und zwar, nach der Wiederherstellung der tribunizischen Gesetzesinitiative, naturgemäß vor allem die von den Volkstribunen geleiteten Versammlungen. Damit wurde die politische Brisanz, die in der Verleihung solcher außerordentlicher Kommandogewalten lag, noch erheblich verschärft.

Schon das Kommando des Pompeius gegen Sertorius, das des Crassus gegen Spartacus und das der Konsuln des Jahres 74 gegen Mithradates hatten die sullanische Ordnung verletzt. Einer dringenden Erledigung harrte jetzt vor allem das Seeräuberproblem. Nach einem enttäuschenden Unternehmen des Prätors M. Antonius im Jahre 102 erhielt nun dessen Sohn, der Vater des späteren Triumvirn, im Jahre 74 ein umfassenderes Imperium für den Krieg gegen die Seeräuber; obwohl er bis 71 tätig war und seine Amtsgewalt sich über den gesamten Mittelmeerbereich erstreckte, endete sein Kommando mit einem schweren Rückschlag. Nach der ‚Reform' des Jahres 70 schien sich der bewährte Feldherr Pompeius als Retter in der Not anzubieten (Crassus hatte sich als Soldat nicht sehr profilieren können). Was eine gut geschmierte Militärmaschine in Rom zu leisten vermochte, bewies er denn auch, als er durch ein Gesetz des Volkstribunen A. Gabinius ein außerordentliches Kommando für das ganze Mittelmeergebiet mit 20 Legionen und 500 Schiffen erhielt; seine Kommandogewalt galt dabei - - und das war unter den vielen Besonderheiten das Ungewöhnlichste - in allen Provinzen bis zu 50 km landeinwärts und konkurrierte also hier mit der aller Statthalter (ihnen gegenüber im Hinblick auf die Bekämpfung der Seeräuber ohne Zweifel mit übergeordneter Gewalt). Innerhalb von 40 Tagen war der Seeräuberspuk vorbei (67). Dieser glänzende Beweis von Organisationstalent und Führungsqualität wurde sofort belohnt durch die Übertragung des Krieges gegen Mithradates im folgenden Jahre 66 (*lex Manilia*). Mithradates nämlich hatte inzwischen zunehmend an Boden gewonnen, weil das römische Heer seinem anfangs so siegreichen Feldherrn Lucullus nicht mehr unbedingt gehorchte; Lucullus hatte auch manche Fehler gemacht und besaß vor allem überhaupt kein Gespür für die Wünsche und Nöte der Soldaten, die teilweise schon 20 Jahre ununterbrochen im Dienst standen und nach Hause strebten. Da er sich zudem wegen seiner gerechten Finanzverwaltung auch bei den Publikanen unbeliebt gemacht hatte, wurde seine Ablösung leicht durchgesetzt. Hier wie sonst verschränkte sich die Innenpolitik mit der neuartigen Militärpolitik, und wie Lucullus geriet auch Pompeius immer tiefer in diese Verflechtung, die er, der große Kriegsheld, aber noch nicht voll begriffen hatte. Zunächst einmal zog er im Vollgefühl seiner Kräfte und ausgerüstet mit extremer Kommandogewalt - er hatte den Krieg gegen Mithradates und die Provinzen Bithynien und Kilikien, ein konkurrierendes Kommandoverhältnis zu den Statthaltern der anderen Provinzen (*imperium maius*) sowie sämtliche im Osten stehenden Truppen erhalten - in den Osten. In siegreichen Kämpfen vertrieb er den

Mithradates aus Kleinasien (er nahm sich 63 in seinem Bosporanischen Reich das Leben), stieß zur Absicherung der kleinasiatischen Provinzen und Klientelfürstentümer bis tief in den Kaukasus vor, unterwarf den König Tigranes von Armenien und rückte schließlich auch in Syrien ein (64), das er völlig neu ordnete. Pompeius trat hier überall als siegreicher Feldherr und Organisator zugleich auf. Er schuf eine von Grund auf neue politische Ordnung im Osten und verweist mit dieser Tätigkeit, die der einzelne Beamte der Republik bisher nicht durchzuführen imstande gewesen war, bereits in die Zeit der Monarchie: Die außerordentliche Gewalt schien die dem Reich angemessene politische Form zu sein. Pompeius hat *Syria* als neue Provinz eingerichtet, die beiden östlich von *Asia* liegenden Provinzen, *Bithynia et Pontus* und *Cilicia*, vergrößert und neu geordnet sowie das gesamte ostanatolische und syrische Gebiet, soweit es nicht provinzialisiert wurde, als eine Summe von Clientelfürstentümern den bestehenden Provinzen weitgehend zugeordnet. Da die römische Weltmacht mit diesen Unternehmungen Nachbarin des großen Partherreichs geworden war, ging es künftig auch darum, wie sich die Römer zu ihm stellten. Pompeius ging dabei zunächst wie selbstverständlich von der Prärogative Roms aus.

In Rom hatte das alte innenpolitische Spiel, das durch die Ordnung Sullas gestört worden war, längst wieder eingesetzt. Die Nobiles steckten in der Zeit, in der Pompeius im Osten Krieg führte, erneut die Fronten zueinander ab. Allerdings war die Freiheit des politischen Spiels durch den Tatbestand, dass außerhalb Roms ein Feldherr mit beinahe absoluter militärischer Gewalt stand, eingeschränkt. In diesen Jahren betrat M. Tullius Cicero aus Arpinum, woher auch Marius stammte, die politische Bühne, zunächst, wie es dem Zug der Zeit entsprach, mit popularem Einschlag. Im Jahre 70 hatte er Verres, der als Statthalter seine Provinz Sizilien recht eigenmächtig verwaltete und dabei vor allem für sich sorgte, im Auftrag der Bewohner dieser Insel vor Gericht gezogen und ihm auch schuldhaftes Verhalten nachweisen können (Verres entzog sich durch freiwilliges Exil der Verurteilung). Der tüchtige Mann mit der biederen Gesinnung war darauf 69 Ädil und 66 Prätor geworden, und ihm gelang es schließlich sogar, für das Jahr 63 zum Konsul gewählt zu werden. Ihn unterstützte bei dieser Wahl die von L. Sergius Catilina ausgehende Bedrohung der öffentlichen Ordnung. Catilina, der für sich das Konsulat erhofft hatte, schien, da selbst hoch verschuldet, mit etlichen und darunter auch vornehmen Anhängern das Konsulat lediglich zu seiner und seiner Genossen Bereicherung benutzen zu wollen, und dabei war ihm, wie sich sehr bald zeigen sollte, jedes Mittel recht. Cicero, der mit der Wendung gegen Catilina von seiner leicht popular gefärbten Vergangenheit Abschied nahm, konnte die gefährlichen Umtriebe des ehrgeizigen Mannes schnell aufdecken, der, in die Enge getrieben, daraufhin zu offener Rebellion schritt und dabei mit seinen Anhängern umkam (62). Cicero hat sein Leben lang von dem Glanz dieser Tat gelebt, doch war Catilina eher das Symptom einer gärenden Unruhe als eine ernste Gefahr für den Staat, als welche Cicero ihn hinzustellen nicht müde wurde, um dadurch selbst um so heller als der Retter des Staates zu strahlen.

Wesentlicher als die ‚Verschwörung des Catilina' sollten die neuen politischen Gruppierungen werden, die wieder die alten Bezeichnungen (popular, optimatisch) trugen, doch nun von ganz anderen Voraussetzungen ausgingen. Die alte populare Thematik war tot (Agrar-, Italiker-, Geschworenenfrage); jetzt ging es – selbstverständlich unter Wahrung der alten politischen Schlagwörter und unter Aufrechterhaltung wenigstens einer Fassade ‚popularer' Thematik (Agrargesetzgebung, Getreidegesetzgebung) – eher um die Unterstützung einzelner Personen und die Schaffung außerordentlicher Gewalten für sie als um irgendein Programm.

Catilina hatte in diesem politischen Spiel nur eine Randfigur gebildet. Die eigentlichen Fäden hielten auf ‚popularer' Seite Crassus, der als Konsul im Jahre 70 bei der Aushöhlung der sullanischen Ordnung mitgeholfen hatte, und C. Julius Caesar in der Hand, ein Neffe des großen Marius (seine Tante Julia war die Frau des Marius gewesen), der 65 Ädil und 62 Prätor geworden war und im Anschluss an die Prätur das jenseitige Spanien verwaltet hatte (62/61). Gefährlicher als die Unternehmungen des Catilina, in die Caesar wohl zumindest als Mann im Hintergrund verstrickt gewesen war, wurde der für die Zeit typische Versuch des Volkstribunen P. Servilius Rullus, mit Hilfe eines Agrargesetzes außerordentliche Vollmachten (Bildung einer Ackerkommission für fünf Jahre mit außergewöhnlicher Amtsgewalt, darunter dem Verfügungsrecht über das gesamte Staatsland innerhalb und außerhalb Italiens) für die Drahtzieher des Gesetzes, unter ihnen zweifellos Caesar, zu erhalten (64/63). Cicero konnte es jedoch gleich zu Beginn seines Konsulats in mehreren glänzenden Reden zu Fall bringen. Bei allen diesen politischen Aktivitäten, denen die Optimaten oft nur ohnmächtig zuzuschauen vermochten, war das Verhältnis von innerer politischer Aktivität und außerordentlichem Kommando durchaus wechselseitig. Wird zunächst noch das außerordentliche Kommando als eine objektiv notwendige militärische Einrichtung aufgefasst, das dann seinerseits durch sein Schwergewicht auf die Innenpolitik wirkt, wird nun zunehmend diese Sondergewalt als Reflex innenpolitischer Konstellationen auch künstlich, das heißt, ohne dass eine objektive Notwendigkeit zu seiner Einrichtung besteht, geschaffen, um dann durch das in ihm steckende Gewicht Einfluss auf den Gang der politischen Entwicklung in Rom zu gewinnen: Das Kommando verselbständigt sich so allmählich und diktiert bald den Gang der Ereignisse.

Die Konsequenzen der neuen politischen Kraft zeigten sich gleich nach der Rückkehr des Pompeius. Mit Bangen von seinen Feinden erwartet, entließ Pompeius nach der Landung in Brundisium zwar seine Truppen (62) und distanzierte sich damit von seiner sullanischen Vergangenheit. Doch dem Zwang der politischen Umstände konnte er mit diesem Schritt nicht entrinnen: Da seine Gegner ihm nun offen trotzten, musste er sich für seine Soldaten, für seine politische Neuordnung des Ostens und zur Erhaltung seines Prestiges nach Bundesgenossen umsehen, um das nachzuholen, was er durch die Entlassung seines Heeres versäumt hatte, nämlich den Senat zur Anerkennung seiner politischen Wünsche und damit auch zur Anerkennung seines außerordentlichen Einflusses im Staate zu zwingen.

Das Erste Triumvirat und die Rivalität zwischen Pompeius und Caesar

Nach der Rückkehr des Pompeius aus dem Osten zeigte sich schnell, was die herkömmlichen Grundsätze aristokratischer Herrschaftspraxis, die durch Sulla gerade wieder gesichert zu sein schienen, noch wert waren. Die politische Macht konzentrierte sich selbst dann noch in den Händen einzelner großer Nobiles, wenn diese ihre Heere, mit denen sie zu Einfluss gekommen waren, entlassen hatten. Pompeius, der im Vertrauen auf seine alte und im Osten erneuerte Autorität seine Soldaten nach Hause geschickt hatte, gab sich nämlich nicht geschlagen, als ihm die Nobilität rundweg die Anerkennung seiner Neuordnung des Ostens und die Versorgung seiner Soldaten versagte: Er verband sich mit den nach ihm einflussreichsten Politikern seiner Zeit, mit C. Julius Caesar und M. Licinius Crassus. Der erstere wurde als der unbestrittene Führer der popularen Richtung angesehen und war zudem ein außergewöhnlich geschickter, bei Gelegenheit auch skrupelloser Politiker; der andere genoss noch aus seinem Konsulat mit Pompeius (70) Ansehen und schien vor allem auch wegen seines ungeheuren, meist in sullanischer Zeit rücksichtslos zusammengerafften Vermögens und seiner Verbindungen zu den Rittern unentbehrlich. Mit ihnen sprach Pompeius ein gemeinsames politisches Programm ab (60 v. Chr.). Der Bund, der in der modernen Literatur meist als Erstes Triumvirat bezeichnet wird (in unseren Quellen begegnet uns für ihn u. a. der Terminus *coitio,* also das für politische Absprachen unter Nobiles übliche Wort), wurde durch die Heirat des Pompeius mit Julia, der einzigen Tochter Caesars, besiegelt, eine Ehe, die trotz ihres politischen Charakters und obwohl Pompeius fast doppelt so alt wie Julia war, sehr glücklich wurde und daher ein sicheres Band der Eintracht schuf, solange Julia lebte. Unter den Forderungen, zu deren Durchsetzung der Bund gegründet worden war, standen die Versorgung der Veteranen des Pompeius und die Anerkennung der von ihm im Osten getroffenen Maßnahmen an erster Stelle. Caesar verlangte für seinen Teil die Einrichtung eines militärischen Kommandos für die Zeit nach seinem Konsulat, und Crassus versprach sich die Hebung seines politischen Ansehens und die Absicherung seiner wirtschaftlichen Interessen. Zur Durchsetzung der politischen Forderungen wollte man sich des legalen Staatsapparates bedienen: Caesar sollte bereits für das folgende Jahr das Konsulat übernehmen und mittels seiner Amtsmacht die Vereinbarungen auf dem Wege der regulären Gesetzgebung einlösen. In der Tat gelang es, Caesar zum Konsul wählen zu lassen, und er ließ dann auch mit beispielloser Rücksichtslosigkeit gegenüber den überkommenen Formen alles zum Gesetz erheben, was die drei untereinander ausgemacht hatten. Die Veteranen des Pompeius und die Popularen sorgten dafür, dass die Volksversammlungen gehorchten, und der Markt und die Straßen wurden dermaßen terrorisiert, dass sich der andere, senatstreue Konsul, M. Calpurnius Bibulus, in sein Haus zurückzog, von wo aus er Edikte der Ohnmacht erließ. Nicht in erster Linie die alles Herkommen beiseite stoßende Härte des politischen Willens, sondern die klare, auf Dauerhaftigkeit gerichtete Zukunftsperspektive der Politik des ‚dreiköpfigen Ungeheuers' , wie es damals auch genannt wurde, kündigte das Ende der Republik an: Die außerordentliche, das herrschende System sprengende politische bzw. militärische Gewalt beginnt hier die traditionellen Formen der politischen Willensbildung zu verdrängen; die Dreiheit in diesem Bund verdeckte nur unvollkommen die dahinter stehende monarchische Struktur.

Bereits während seines Konsulats ragte Caesar als der energischste und zielstrebigste unter den drei Machthabern heraus: Er sorgte nicht nur für die Hebung seines politischen Einflusses und für einen guten

Ruf bei den Massen, der ihm u. a. durch ein Siedlungsgesetz im Stile popularer Tradition und durch ein sachlich untadeliges Repetundengesetz gegen die Ausbeutung der Provinzialen sicher war, sondern auch für die dauerhafte Festigung seiner politischen Stellung. Letzteres erreichte er durch die gesetzliche Verleihung eines außerordentlichen militärischen Kommandos, das er für die Zeit seines an das Konsulat anschließenden Prokonsulats erhielt: Es umfasste das diesseitige Gallien (d. i. Oberitalien) und Illyricum (die dalmatische Küste) mit drei Legionen für die Zeit von fünf Jahren, wozu der eingeschüchterte Senat noch das jenseitige Gallien (das ist die *provincia Narbonensis,* etwa das heutige Südfrankreich) mit einer weiteren Legion hinzufügte. Da die Bewohner Oberitaliens seit dem Ende des Bundesgenossenkrieges Römer oder zumindest Latiner waren, besaß Caesar praktisch, das heißt, wenn er sich nicht um das Aushebungsmonopol des Senats scherte, ein unbeschränktes Rekrutierungsreservoir für die Aufstellung neuer Legionen und stellte, ausgerüstet mit solcher Macht, als Gouverneur der dem entmilitarisierten Italien am nächsten gelegenen Provinz eine ernste Bedrohung dar. Nachdem die Machthaber für die Wahl ergebener Konsuln im folgenden Jahre und für die Ausschaltung der einflussreichsten politischen Gegner gesorgt hatten –Cicero wurde 58 wegen der Hinrichtung der Anhänger Catilinas in seinem Konsulat aus Italien verbannt, M. Porcius Cato, dem nichts Nachteiliges nachzusagen war, mit einem ehrenvollen amtlichen Auftrag in den Osten abgeschoben –, ging Caesar in seine Provinzen.

Von 58 bis 50 blieb Caesar im Norden und eroberte in dieser Zeit, von der südgallischen Provinz ausgehend, das gesamte freie Keltenland; der Rhein wurde hier die neue Grenze des Imperiums. Diese nackte Eroberungspolitik ist zunächst die Konsequenz einer innenpolitischen Situation, insofern als Caesar ein militärisches Kommando und ergebene Legionen benötigte, um in Rom eine dem Pompeius ebenbürtige Stellung zu erhalten. Gegenüber der Handlungsweise früherer aristokratischer Potentaten, insbesondere gegenüber Pompeius, hatte sich lediglich geändert, dass die militärisch-außenpolitische Aufgabe, die früher das Reich aufgegeben hatte (Seeräuber; Mithradatischer Krieg), wegen des Fehlens objektiver Bedürfnisse nunmehr Caesar sich selbst stellte. Dass das gallische Land ihm jedoch ausschließlich als Exerzierplatz für seine später auf innenpolitischem Terrain einzusetzenden Legionen gedient habe, hat bereits Mommsen bezweifelt. In der Tat spricht der Umfang der Eroberungen, ferner auch die Konsequenz und die Energie der Durchführung dafür, dass neben dem allerdings zweifellos entscheidenden innenpolitischen Aspekt auch allgemeinere sicherheitspolitische Erwägungen oder sogar imperiale Überlegungen den Krieg gegen die Kelten wenn nicht von Anfang an, so doch im Laufe der Kriegsjahre zu jenem kompromisslosen Eroberungskrieg erweitert haben.

Bei der Ankunft Caesars in Gallien war das große Arvernerreich, das die meisten keltischen Stämme vereinigt hatte, bereits seit zwei Generationen zerstört; es war im Zusammenhang der römischen Eroberung Südgalliens in den zwanziger Jahren des 2. Jahrhunderts untergegangen. Unter den zahlreichen Keltenstämmen stritten die zwischen der Loire und der Saône sitzenden Häduer und die östlich von ihnen siedelnden Sequaner um die Vorherrschaft; der Norden wurde von der starken, teilweise mit germanischen Elementen vermischten Stammesgruppe der Belger eingenommen. Große Unruhe lösten in dieser Zeit die Ankunft von germanischen Sueben unter Ariovist im linksrheinischen Gebiet sowie die Absicht der in der heutigen Schweiz sitzenden Helvetier aus, sich in Westgallien neue Wohnsitze zu suchen. Als die letzteren durch die römische Provinz in Südgallien zogen, nahm Caesar dies, obwohl die Helvetier nicht in feindlicher Absicht gekommen waren, zum Anlass, in die keltischen Händel einzugreifen. Er schlug noch 58 die Helvetier (bei Bibracte) und danach auch Ariovist (im Oberelsaß), und schon im folgenden Jahre konnte er große Teile des freien Keltenlandes, insbesondere teile des belgischen Gebietes, als unter seiner Botmäßigkeit stehend betrachten. Aber es sollten bis zur endgültigen Unterwerfung noch Jahre vergehen, die durch immer neue Kämpfe gegen Randstämme des Keltenlandes, durch umfangreiche, der Sicherung des Gewonnenen dienende Expeditionen nach Britannien (55 und 54) und in das rechtsrheinische Gebiet (55 und 53) sowie durch immer wieder aufflackernden Widerstand der bereits unterworfenen Stämme angefüllt waren. Im Jahre 52 konnte der Arvernerfürst Vercingetorix sogar noch einmal große Teile des Keltenlandes gegen Caesar mobilisieren und diesem bei Gergovia eine empfindliche Schlappe beibringen, bis auch er, eingeschlossen in Alesia und, nach einem vergeblichen Entsatzversuch, von aller Hilfe abgeschnitten, kapitulieren musste. Vercingetorix wurde später, nachdem Caesar ihn im Triumphzug in Rom gezeigt hatte, im *carcer Tullianus* hingerichtet (46). Wie die meisten Römer hatte Caesar keinen Sinn für den Heldenmut des Gegners; der sich gegen Rom erhebende Mann hatte seine Tapferkeit doppelt zu büßen. 51/50 konnte Gallien bis zum Rhein als völlig befriedet gelten, und Caesar verlegte daher einen Teil seiner mittlerweile auf 11 Legionen angewachsenen Armee nach Oberitalien: Der

Eroberungskrieg zeigte damit jedem, der es bis dahin nicht hatte sehen wollen, seine innenpolitische Konsequenz.

Der Dreibund hatte sich in der Abwesenheit Caesars allen Anfechtungen des innenpolitischen Ränkespiels zum Trotz gehalten. Die Erfolge Caesars bewogen jedoch die beiden anderen Kontrahenten, auch ihrerseits ein großes militärisches Kommando zu fordern, auf das sie sich gegebenenfalls gegen Caesar stützen konnten. Um den Rücken für seinen Keltenkrieg frei zu bekommen, handelte Caesar daher im Jahre 56 zunächst mit Crassus in Ravenna, darauf in Luca mit Pompeius ein neues Abkommen aus, das Pompeius und Crassus ein jeweils fünfjähriges Kommando und Caesar die Verlängerung des seinen auf weitere fünf Jahre bis März oder Dezember 49 bescherte; für 55 sollten ferner Pompeius und Crassus zu Konsuln gewählt werden, damit das Vereinbarte durchgesetzt und der Staatsapparat unter Kontrolle gehalten würde. Durch ein Gesetz des Volkstribunen C. Trebonius erhielt dann Pompeius beide spanischen Provinzen (da es dort militärisch nichts zu tun gab, ließ er sie durch Legaten verwalten), Crassus Syrien, beide mit dem unerhörten Zusatz, nach Belieben über Krieg und Frieden befinden zu können. Natürlich erhielt auch Caesar die Verlängerung seines Kommandos zugestanden, und da nach dem Abkommen vor dem 1. März 50 nicht über seine Nachfolge beraten werden durfte, dementsprechend erst aus den Konsuln oder Prätoren des Jahres 49 ein Nachfolger für seine Provinzen bestellt werden konnte und für ihn darüber hinaus im Jahre 48 ein zweites Konsulat vorgesehen war, konnte er seine politische Stellung als abgesichert ansehen. – Nichts zeigt deutlicher als diese Kommandogewalten, dass nicht mehr wie früher die anstehenden Reichsprobleme es waren, die das große Kommando erzwangen und mit ihm als sekundärem Effekt auf die Innenpolitik wirkten, sondern umgekehrt das militärische Kommando aus einer innenpolitischen Konstellation heraus erzeugt wurde und die dadurch künstlich herbeigeführte (das heißt, sich nicht unbeeinflusst vom Ehrgeiz nach einem Kommando einstellende) außenpolitische Problemlage (in Gallien, in Syrien) lediglich der innenpolitischen Dynamik folgte. Das Reich hatte hier als nunmehr völlig passiver politischer Faktor nur insofern an dem allgemeinen Geschehen Anteil, als es dem Ehrgeizigen die politischen Möglichkeiten in die Hand gab.

Das Triumvirat schien sich konsolidiert zu haben. Bald traten jedoch Veränderungen ein, die das an sich bereits auf Rivalität angelegte Verhältnis der Machthaber ungünstig beeinflussten. Zunächst einmal fiel einer von ihnen aus: Crassus ging 53 in einem von ihm selbst vom Zaun gebrochenen Krieg gegen das parthische Königreich unter und mit ihm der größte Teil seines Heeres (Schlacht von Carrhae). Ein Jahr früher war bereits Julia, die das Unterpfand der Einigkeit zwischen Pompeius und Caesar gewesen war, im Kindbett gestorben. Es kam hinzu, dass im Zentrum der Macht, in Rom, die veränderten machtpolitischen Verhältnisse nun die traditionelle Ordnung aufzulösen begannen: Die alten Regierungsmechanismen hörten allmählich zu funktionieren auf; aber da die neuen Machthaber eine lediglich faktische Macht ausübten, sie also keine Herrschaftsnormen festgelegt hatten, sondern die Illusion aufrechterhielten, dass die alte politische Ordnung weiterlebe, herrschte in Rom das Chaos. Der eine Herr war faktisch abgetreten, aber der neue hatte sich noch nicht etabliert, und in dem Zwischenstadium suchte jeder, der sich berufen glaubte, seinen Ehrgeiz, seine Habgier oder auch seine politischen Träume zu verwirklichen. Als in einer der Straßenschlachten der mit recht skrupellosen Methoden operierende P. Clodius Pulcher, der vorgeblich die Interessen des stadtrömischen Volkes vertrat und deswegen von den Massen geliebt wurde, den Tod gefunden hatte, sah sich Pompeius endlich genötigt, härter durchzugreifen; er ließ sich schließlich zum Konsul ohne Kollegen, das heißt faktisch zum Diktator für das Amtsjahr wählen (52). Unter dem Druck der beiden Machthaber und der chaotischen inneren Verhältnisse rieb sich die alte Aristokratie in vergeblichem Widerstand und unzähligen Kleingefechten auf. Die Mehrheit der Vornehmen begann, müde geworden, sich der Anhängerschaft eines der beiden zuzuordnen, deren Rivalität sich dadurch weiter polarisierte. Da Pompeius der liberalere, zumindest der weniger entschlossene und lenkbarere zu sein schien, schlossen sich ihm auch diejenigen Aristokraten an, die noch an eine Wiederaufrichtung der alten *res publica* glaubten. Unter ihnen waren viele, die wegen politischer Zurücksetzung oder auch aus ganz persönlichen Motiven von fanatischem Hass gegen Caesar erfüllt waren, aber auch Idealisten, wie M. Porcius Cato, denen die alte Ordnung mehr galt als Ehrgeiz und persönlicher Zwist.

Den ersten deutlichen Anstoß zu einem endgültigen Zerwürfnis mit Caesar legte Pompeius durch ein Gesetz im Jahre 52, das zwischen die Magistratur und die Promagistratur eine Frist von fünf Jahren legte, so dass vom Senat nach dem 1. März 50 unverzüglich, das heißt schon für 49 aus den zur Verfügung stehenden Konsularen für Caesar ein Nachfolger bestellt werden konnte. Ferner wurde für die Bewerbung um das Konsulat nun die persönliche Anwesenheit verlangt und Caesar auf diese Weise gezwungen, zu den Konsulwahlen im Jahre 49 als Privatmann und damit als eine leichte Beute seiner zahlreichen Todfeinde in Rom zu erscheinen. In dem Hin und Her der politischen Schachzüge suchte jeder den anderen mit rechtlichen Mitteln auszumanövrieren. Was dabei tatsächlich erreicht und von den republikanischen Ultras auch beabsichtigt wurde, war vor allem eine Verschärfung der persönlichen Spannung zwischen den beiden Mächtigen und die weitere Polarisierung der Fronten. Dem Spiel mit Gesetzen und Klauseln, Senatsbeschlüssen und Interzessionen kam lediglich der Wert einer Vorbereitung auf die Diskussion über die Schuld des Bürgerkriegs zu, der bereits ausgemachte Sache war. Allerdings brachte Caesar es durch geschickte Diplomatie fertig, dass die zum Bruch treibenden Republikaner am Ende in einer rechtlich schlechteren Position als er selbst waren und sie daher den zaudernden Pompeius geradezu in den Krieg gegen Caesar stoßen mussten. Am 7. Januar 49 wurde Caesar schließlich durch Senatsbeschluss von seinem Kommando förmlich abberufen und ihm ein Nachfolger gesandt, er wurde am gleichen Tage noch zum Hochverräter erklärt und der Staatsnotstand gegen ihn ausgerufen. Auf die Nachricht davon überschritt Caesar in der Nacht vom 11. auf den 12. Januar den Rubicon, das Grenzflüsschen zwischen seiner Provinz und Italien, und eröffnete den Krieg.

Die Aufrichtung der Monarchie

Die Alleinherrschaft Caesars

Obwohl die Senatspartei den Bürgerkrieg schließlich selbst erklärt hatte, war sie für ihn schlecht gerüstet. Caesar eilte mit den Truppen, die er gerade bei sich hatte, entschlossen auf Rom zu; lediglich in Mittelitalien, in Corfinium, fand er Widerstand, doch gingen die dortigen Truppen dann zu ihm über. Pompeius räumte daraufhin in klarer Erkenntnis der militärischen Lage ganz Italien und ging nach Griechenland; mit ihm zogen zahlreiche Senatoren und bildeten im Osten einen Gegensenat. Caesar konnte daraufhin Rom kampflos besetzen. Seine politischen Gegner, die ihn an Marius messen mochten, behandelte er mit unerwarteter und beispielloser Milde. Diese vielgerühmte *clementia Caesaris* entsprach gewiss auch einer inneren Geisteshaltung Caesars, der keine in sich gekehrte Herrennatur war und sich stets als Mitglied der aristokratischen Gesellschaft gefühlt hat; aber sie verkörperte doch auch ein Regierungsprinzip: In ihr verbarg sich bereits die Milde des Herrschers, der begnadigt, wo er hätte verurteilen können.

Caesar hielt nun Italien mit Sardinien und Sizilien und damit das gesamte römische Rekrutierungsreservoir in seinen Händen. Trotzdem war Pompeius im Vorteil; denn er besaß neben einer großen Armee, die er in den Osten mitgenommen und dort verstärkt hatte, vor allem auch Spanien, wo seit der *lex Trebonia* vom Jahre 55 sieben ihm ergebene Legionen unter dem Befehl von tüchtigen Generälen standen. Es zeugt von der strategischen Übersicht Caesars, dass er sich entschloss, zunächst gegen diese starke Armee zu ziehen, obwohl das Zentrum des Widerstandes im Osten lag und von dort auch eine Invasion Italiens drohte. Er wollte sich offensichtlich für seinen Krieg im Osten zunächst den Rücken frei machen, marschierte darum noch im Jahre 49 nach Spanien. Dort schlug er in einer schweren Schlacht bei Ilerda (nördlich des Ebro) die Feldherren des Pompeius, und daraufhin fiel ihm ganz Spanien zu. Er hatte den spanischen Feldzug in nur 40 Tagen beendet.

Anfang Januar 48 landete Caesar in Epirus und riss damit auch die Initiative für den Entscheidungskampf an sich. Eine mehrmonatige Belagerung von Dyrrhachium (Durazzo), in das sich Pompeius geworfen hatte, endete allerdings mit einem Misserfolg, so dass er sie aufhob. In Thessalien, wohin er sich daraufhin begab, konnte er Pompeius dann stellen und bei Pharsalos, obwohl ihm zahlenmäßig weit unterlegen, vernichtend schlagen. Der flüchtende Pompeius wurde in Ägypten auf Anstiften der Ratgeber des minderjährigen Königs ermordet. Caesar, der ihm nach Ägypten gefolgt war, verstrickte sich in Alexandrien in die Kämpfe innerhalb des ptolemäischen Königshauses und brachte dort, zeitweise in kritischer Lage, den Winter 48/47 zu. Nachdem er endlich die politischen Verhältnisse einigermaßen fest eingerichtet hatte – Kleopatra sollte mit ihrem Bruder Ptolemaios XIV. gemeinsam über Ägypten und Zypern herrschen –, eilte er zunächst nach Kleinasien, wo Pharnakes, ein Sohn des Mithradates, unter Ausnutzung des Bürgerkrieges weite Gebiete an sich gerissen hatte. Bei Zela in Pontos wurde Pharnakes besiegt (*veni, vidi, vici*, „ich kam, ich sah, ich siegte") und flüchtete in sein Bosporanisches Reich.

Der Widerstand der Opposition konzentrierte sich nun auf Afrika, wohin sich der neue Oberbefehlshaber der Pompejaner und auch Cato, das Herz und die Seele des Widerstandes, begeben hatten. Im Oktober 47 landete Caesar in Afrika und schlug die Pompejaner im Februar 46 bei Thapsus. Cato nahm sich daraufhin in Utica das Leben. Da auch der König von Numidien, Juba, auf seiten der Pompejaner gestanden hatte, zog Caesar sein Reich ein und wandelte es in eine Provinz um (*Africa Nova*); ihr erster Statthalter wurde der Historiker Sallust. Wer von den Pompejanern sich nicht der Gnade Caesars überlassen mochte, flüchtete nun nach Spanien; vor allem die Söhne des Pompeius, Gnaeus und Sextus, waren hier aktiv und bauten eine neue Armee auf. Gegen sie musste Caesar im Winter 46/45 noch einmal ins Feld rücken; bei Munda wurden die Pompeiussöhne besiegt (45). Caesar war nun unbestrittener Herr des Reiches.

Mit der Konzentration aller politischen Macht in seinen Händen hatte Caesar die Herrschaft über den Staat errungen, aber formal war er nicht Herrscher. Die alten Institutionen und Normen hatten ihre Kraft zwar eingebüßt, aber sie waren nicht verschwunden, und nichts war an ihre Stelle getreten. An eine Reform der politischen Organisation, die den veränderten Verhältnissen Rechnung getragen hätte, schien Caesar nicht zu denken, und ganz offensichtlich hat die öffentliche Meinung dergleichen auch nicht erwartet: Dass die Militärdiktatur der Mächtigen die Basis der alten Ordnung zerstört hatte, war noch gar nicht in das allgemeine Bewusstsein gedrungen. Caesar regierte denn auch, wenn man das Wort benutzen darf, zunächst auf traditionelle Weise. Für 48 und 46 (dann auch für 45 und 44) ließ er sich zum Konsul wählen und hatte darüber hinaus zeitlich beschränkte Diktaturen inne. Das waren, von den sich aus den faktischen Verhältnissen ergebenden Sachzwängen her gesehen, Provisorien; aber eine Alternative war nicht erkennbar. Die Flut von Gesetzen, die sich nun über Rom ergoss, berührte daher auch nicht den Kern der neuen politischen Lage, so wichtig, zukunftsreich und originell sie auch waren: Die Bewohner der Transpadana, die Caesar so treu gedient hatten, erhielten das römische Bürgerrecht, wodurch das römische Bürgergebiet jetzt bis zu den Alpen reichte und Italien als eine politische Einheit etwa seine heutige Gestalt erhielt; das gesamte Städtewesen Italiens bekam ferner durch ein generelles Gesetz eine neue Organisation (*lex Iulia municipalis*); auch die Versorgung der hauptstädtischen Bevölkerung wurde auf eine neue Basis gestellt, und eine Kalenderreform, die an die Stelle des alten Mondjahres das Sonnenjahr von 365 1/4 Tagen setzte (seit dem 1. Januar 45), brachte Ordnung in den heillos durcheinander geratenen Jahresablauf. Schließlich wurden mit Veteranen und arbeitslosen Bewohnern der Stadt Rom zahlreiche römische Städte in zum Teil weit entfernt liegenden Provinzen des Reiches bevölkert. Dies setzte der strikt italozentrischen Politik, an der die republikanische Aristokratie zäh festgehalten hatte, ein Ende und legte das Fundament für die Romanisierung des ganzen Reiches.

Die politische Ordnung hob Caesar nicht auf, aber er höhlte sie durch grobe Eingriffe und durch Missachtung innerlich aus. So beließ er zwar das traditionelle Ämterwesen, vermehrte aber die Anzahl der Beamten (wogegen sich die Aristokratie wegen des Mangels an Kontrollmöglichkeiten immer gewehrt hatte) und griff brutal in den Vorgang der Beamtenwahl ein; praktisch bestimmte er die meisten Beamten selbst und machte damit die längst heruntergekommene Volkswahl zu einem mehr oder weniger formellen Akt. Seine Einstellung zu dem republikanischen Ämterwesen zeigte sich deutlich etwa darin, dass er anstelle des am 31. Dezember 45 verstorbenen Konsuls C. Caninius Rebilus für die noch verbleibenden Stunden des Jahres einen Ersatzmann nachwählen ließ; das war kein Formalismus, sondern ein Akt öffentlicher Entwürdigung, welcher der Öffentlichkeit zeigen sollte, was das früher allmächtige Konsulat noch wert war. Noch folgenreicher war die Vermehrung des Senats auf über 900 Personen, meist natürlich Anhänger Caesars und unter ihnen manch wenig angesehener Mann, wodurch die soziale Zusammensetzung des Gremiums, das jahrhundertelang die Geschicke Roms gelenkt hatte, grundlegend verändert und damit auch der politische Willensbildungsprozess künftig zwar nicht formal, aber faktisch im Sinne Caesars manipulierbar gemacht wurde. Der Herabsetzung der überkommenen Formen stand die Überhöhung der

Person Caesars gegenüber. Dieser ließ sich wie ein göttlicher Herrscher vom Senat mit Ehren überhäufen. In der Öffentlichkeit durfte er, wie einst die römischen Könige, im Triumphalgewand und mit goldenem Lorbeerkranz auftreten; er erhielt den Ehrennamen „Vater des Vaterlandes" (*parens patriae*); seine Statue wurde im Tempel des Quirinus und unter denen der sieben Könige Roms aufgestellt; der Monat Quinctilis, der Geburtsmonat Caesars, sollte künftig Julius heißen, und zahlreiche andere und neuartige Ehren wurden ihm angetragen und meist auch angenommen.

Die Schwächung der traditionellen Institutionen und die maßlosen Ehrungen ließen die Diskrepanz zwischen den herkömmlichen staatlichen Formen und der politischen Stellung Caesars wachsen und hoben allmählich auch die Frage nach der politischen Zukunft Roms ins Bewusstsein namentlich der Vornehmen: Wie konnte Caesar sich mit der alten *res publica*, und das heißt vor allem mit der aristokratischen Gesellschaft, versöhnen, und wie sollte sich seine Macht in ein solches Versöhnungswerk einordnen? Seine Gegner behaupteten später, Caesar habe König werden wollen, und verwiesen darauf, dass M. Antonius ihm bei dem Luperkalienfest am 15. Februar 44 das Königsdiadem angeboten und Caesar es nur wegen des fehlenden Jubelgeschreis der Umstehenden abgelehnt habe, sowie darauf, dass die Statue Caesars an den Rostra mit dem Diadem geschmückt worden sei. Aber der König war für die Römer seit Jahrhunderten der klassische Tyrann. Caesar müsste alle Maße verloren haben, sollte er an das Königtum gedacht haben; auf Überheblichkeit und Sultansallüren geben unsere Quellen aber keinen Hinweis, und so ist das Bild von dem nach der Krone lechzenden Caesar das seiner Gegner.

Er ließ sich hingegen schon 46 die Diktatur auf 10 Jahre verleihen und trat kurz vor seinem Tode die ihm Ende 45 auf Lebenszeit verliehene Diktatur an. Offensichtlich wollte er demnach wegen des Mangels einer politischen Alternative die von Sulla eingerichtete Diktatur der Staatserneuerung (*rei publicae constituendae*; Caesar hat sie indessen offiziell nicht so genannt) wiederaufnehmen, in deren Rahmen er reformieren und ‚herrschen' konnte, ohne der Tradition offen zu widersprechen. Im Unterschied zum Optimaten Sulla wollte er jedoch die Diktatur lebenslänglich haben, und dieser Tatbestand sowie auch die ihm angetragenen ungewöhnlichen Ehrungen bringen seine Ausnahmestellung einem Herrschertum näher.

Nicht zuletzt das unausgeglichene Verhältnis zum Staat und der ihn tragenden Gesellschaft veranlasste Caesar, im Frühjahr 44, nachdem er sich seit Beginn des Bürgerkrieges lediglich 15 Monate in Rom aufgehalten, die übrige Zeit auf Feldzügen zugebracht hatte, erneut ins Feld zu rücken, dieses Mal gegen die Parther, an denen die Schmach von Carrhae noch nicht gerächt worden war. Doch in der letzten Senatssitzung vor dem Aufbruch in den Osten, an den Iden des März (15. März 44), wurde er im Senatslokal – es war ein Raum im Theater des Pompeius – zu Füßen der Statue des Pompeius ermordet. Die ca. 60 Verschwörer waren durchweg Senatoren, unter ihnen bekannte Namen, wie M. Junius Brutus, C. Cassius Longinus und Decimus Junius Brutus. Nicht alle trieb der edle Drang nach Freiheit zum Mord; manchen beherrschte persönlicher Hass. Es fehlten auch bedeutende Männer, wie Cicero; man hatte wohl Verrat gefürchtet und die Zahl der Attentäter auf einen engen Kreis beschränkt. Der Mord war Ausdruck des aufgestauten Hasses gegen den, der den jahrhundertealten Staat, durch den Rom groß geworden war und den man nun auf dem Hintergrund des ‚Tyrannen' Caesar auch den ‚freien Staat' (*res publica libera*) nennen konnte, zu zerstören begonnen hatte. Wie wenig aber noch von diesem übrig war, zeigte sich gleich nach dem Attentat: Alles stob auseinander, und an die Stelle des Tyrannen trat nicht die alte *res publica,* sondern das politische Vakuum: Die Verteidiger der ‚Republik' waren zu einem kleinen Häuflein zusammengeschmolzen, das die Bürger nicht mehr an die alte Ordnung zu binden vermochte.

Das Zweite Triumvirat

Schon die ersten Tage nach der Ermordung Caesars zeigten, dass die alte aristokratische Gesellschaft nicht mehr fähig war, die politischen Geschicke wieder in die Hand zu nehmen. Caesarmörder und Caesarianer, unter ihnen der sich jetzt vordrängende Konsul M. Antonius (Caesar selbst war der andere Konsul des Jahres gewesen), vereinbarten bereits am 17. März einen Ausgleich, der einem Verzicht der Attentäter auf ihr politisches Ziel gleichkam. Da Antonius die Stimmung in der Stadt zugunsten der Caesarianer beeinflussen konnte, verließen die meisten Attentäter Rom, gingen, wie Decimus Brutus, in ihre Provinzen oder hielten sich in der Nähe Roms auf. Antonius, der die Volksversammlungen in der Hand hatte, ließ sich nun das jenseitige und diesseitige Gallien auf fünf Jahre, also ein außerordentliches Kommando nach dem Muster des Caesarischen, übertragen; die Mörder hingegen erhielten nur unwichtige Gebiete als Provinzen. Als Brutus und Cassius in den Osten abgingen, um hier unter Nichtachtung der von Antonius durchgesetzten Volksbeschlüsse auf eigene Faust den Widerstand zu organisieren, schienen die Fronten abgesteckt.

In Rom, das von den Caesarmördern bereits aufgegeben worden war, begann jedoch Cicero den Widerstand zu organisieren, und so erwuchs Antonius in dem von ihm bereits als Einflusszone betrachteten Kerngebiet des Reiches ein erbitterter Gegner. Weitgehend auf sich allein gestellt, hielt Cicero seit dem 2. September seine Reden gegen Antonius (Philippische Reden). In Italien erhoffte er sich dabei Unterstützung von dem jungen C. Octavius, einem Großneffen Caesars, der durch testamentarische Adoption der Sohn Caesars geworden war und sich nun C. Julius Caesar (Octavianus) nannte. Octavian betrachtete sich als Erben Caesars, und die Menschen in der Hauptstadt und die Veteranen Caesars strömten ihm als dem Namensträger ihres geliebten Patrons zu. Da er der natürliche Rivale des Antonius war, unterstützte Cicero nach dem Abgang des Antonius in seine Provinzen dessen militärischen Ehrgeiz, und nachdem sich auch die neuen Konsuln des Jahres 43, Hirtius und Pansa, dem Senat unterstellt hatten, schien eine Koalition gegen Antonius zustande gekommen zu sein. Schon im Frühjahr begannen die verfeindeten Parteien mit militärischen Operationen in Oberitalien, wo Antonius auch bald geschlagen werden konnte, zuletzt bei Mutina (daher *bellum Mutinense*); doch die beiden Konsuln fielen im Kampf, und unmittelbar darauf zeigte es sich, dass Octavian kein gewachsener Bundesgenosse der Republik, sondern nur ein Rivale mehr unter den Militärpotentaten war: Als Antonius nach Westen entwich und sich dort mit dem Statthalter M. Aemilius Lepidus zusammentat, schloss Octavian sich ihnen an. Der Wechsel war ihm den Verrat an der Senatspartei wert; war er doch nun von den Caesarianern offiziell anerkannt.

Octavian besetzte daraufhin im August Rom, ließ dort durch ein Gesetz (*lex Pedia*) die Caesarmörder ächten und erstickte damit jeden weiteren Widerstand der Senatspartei. Im November 43 berieten sich dann die drei siegreichen Caesarianer, Antonius, Lepidus und Octavian, im Angesicht eines großen Teils ihrer Legionen in Bononia (Bologna) und kamen überein, eine gesetzlich abgesicherte gemeinsame Herrschaft, eine Art dreistellige Militärdiktatur auf fünf Jahre (bis 38) zu gründen. Die Triumvirn nannten sich ‚Dreimännerkollegium zur Wiederaufrichtung des Staates' (*tresviri rei publicae constituendae*). Ihr ‚Triumvirat' (es heißt in der modernen Literatur ‚Zweites Triumvirat', obwohl das erste vom Jahr 60 nur eine private *coitio* war) hatten sie zwar als ein durch

Gesetz eingerichtetes Sonderamt begründet, doch mussten sie allen Römern der Sache nach als Militärpotentaten gelten. Sie teilten sich das Reich in Einflusszonen auf: Antonius erhielt Gallia Cisalpina und das von Caesar eroberte Gallien (Gallia Comata), Lepidus die Gallia Narbonensis und Spanien, Octavian Afrika, Sizilien und Sardinien; Italien blieb gemeinsamer Besitz. Wie schon die Aufteilung zeigt, war Antonius in dem Bund der stärkste Mann. Die Drei beschlossen auch eine grausame Abrechnung mit allen politischen Gegnern nach dem Muster der sullanischen Proskriptionen und begannen noch im Jahre 43 mit einem furchtbaren Gemetzel unter den Vornehmen Roms. Etwa 300 Senatoren und 2000 Ritter fanden den Tod; auch Cicero wurde am 7. Dezember 43 ein Opfer des Blutrauschs. Die Proskriptionen bedeuteten das physische Ende der alten Aristokratie; was übrig blieb, war zur Übernahme der Regierung schon zahlenmäßig nicht mehr in der Lage.

Antonius und Octavian rüsteten darauf energisch zum Krieg gegen die Caesarmörder. Diese hatten sich in der Zwischenzeit der ganzen Osthälfte des Reiches bemächtigt und stellten sich den Caesarianern im Herbst 42 zur Schlacht. In der Doppelschlacht von Philippi an der *via Egnatia* in Nordgriechenland fiel die Entscheidung; Brutus und Cassius wurden vernichtend geschlagen und nahmen sich daraufhin das Leben. Das einzige Ergebnis des Attentats auf Caesar war, wie sich nun zeigte, dass die Welt jetzt drei anstatt eines Herrn hatte. Der Senat erklärte nunmehr, vielleicht schon vor der Schlacht, spätestens aber 39/38, den Diktator Caesar offiziell zum Gott (*Divus Iulius;* Octavian wurde damit *Divi filius,* also der Sohn eines Gottes) und legitimierte damit zugleich die Herrschaft der Erben Caesars.

Das folgende Jahrzehnt ist erfüllt von der Rivalität der Gewaltherrscher. Da die machtpolitische Basis der Triumvirn das Heer war, schien jeder Ausgleich unter ihnen nur der Schaffung eines Spielraums für eine bessere militärische Ausgangsposition zu dienen. Erste schwere Zerwürfnisse legten Octavian und Antonius unter dem Druck des Heeres in einem Vertrag bei (40, *foedus Brundisinum*). Sie kamen überein, dass Antonius den gesamten Osten, Octavian den Westen (einschließlich Illyricum) verwalten und Lepidus auf die afrikanischen Provinzen beschränkt werden sollte. Das Bündnis wurde durch die Heirat des Antonius mit der Schwester Octavians, Octavia, besiegelt. Neue Komplikationen traten auf, als deutlich wurde, dass sich Sex. Pompeius, der aus dem spanischen Debakel entkommene jüngere Sohn des großen Pompeius, als militärische Potenz im Kartell der Militärbarone behaupten konnte; er beherrschte damals mit einer großen Flotte weite Teile der westlichen Meere. Zunächst verglich sich Octavian mit ihm; Pompeius erhielt Sizilien, Sardinien und Korsika (39; Vertrag von Misenum). Doch der von ihm auf Italien ausgeübte unerträgliche Druck führte bald wieder zum Krieg. Der überwiegend an der Küste und im Innern der Insel Sizilien geführte Kampf endete schließlich mit einem glänzenden Seesieg des M. Vipsanius Agrippa, des herausragenden Generals und Admirals Octavians, bei Naulochus an der Nordostküste Siziliens (36). Auf der Flucht im Osten gefangen genommen, ließ ihn Antonius hinrichten. Octavian und Antonius haben sich nach vielerlei Reibereien anlässlich einer persönlichen Begegnung bei Tarent erneut verglichen (37). Sie kamen u. a. auch überein, das Triumvirat um weitere fünf Jahre zu verlängern. Lepidus, der gegen Ende des Krieges gegen Sex. Pompeius auf Sizilien versucht hatte, gegenüber Octavian seinen Status als Triumvir nicht nur zu behaupten, sondern sogar noch auszubauen, wurde von seinen Truppen schmählich verlassen und büßte seinen politischen Ehrgeiz mit dem Einzug seiner Provinzen; er blieb zwar am Leben und behielt auch bis zu seinem Tode 12 v. Chr. das Oberpontifikat, doch musste er sein Leben in der Verbannung einer italischen Villa verbringen. Das römische Reich verwalteten Octavian und Antonius nunmehr allein, der erstere den westlichen (und darunter auch Italien), der andere den östlichen Bereich des Imperiums.

Die beiden Herrscher begannen sich immer deutlicher auf den Ausbau ihrer Reichshälften zu konzentrieren; Antonius schien sich dabei bisweilen hellenistischen Praktiken der Staatsführung zu nähern. Dies sah jedenfalls so aus, und der Anschein wurde genährt durch seine enge persönliche Verbindung zu Kleopatra, der Königin von Ägypten (36). Die vor allem auch um dieser Verbindung willen von Antonius vollzogene Trennung von seiner Frau Octavia zerriss das letzte Band mit Octavian. Die Position des Antonius verschlechterte sich zusehends, nachdem der von ihm großangelegte Partherfeldzug, der den Plan Caesars wieder aufnehmen wollte, ein schwerer Misserfolg wurde (36). Mangelnde politische Aktivität und allzu starkes Engagement im Hof- und Privatleben entfremdete ihn zusätzlich dem Westen und stärkte die Lage Octavians, der sich zwischen 35 und 33 in Illyrien endlich auch die überfälligen kriegerischen Lorbeeren geholt (er drang weit in das Innere des heutigen Kroatien vor und legte damit den Grund für die politische Neuordnung des Balkans) und sich so dem berühmten Feldherrn Antonius ebenbürtig erwiesen hatte. Die Gegensätze wuchsen, und die militärische Entscheidung schien bald unausweichlich. Die beiden Potentaten bereiteten die Auseinandersetzung auch propagandistisch vor, wobei Octavian gegenüber Antonius, der im Osten nur wenige römische Soldaten besaß und sich darum auch auf Clientelfürsten griechischer Herkunft stützen musste, das von ihm geführte Römerland Italien und die römische Tradition herausstrich. Als der Kampf begann, waren die Sympathien vieler selbst im Westen dennoch auf seiten des Antonius, doch beging dieser schwere militärische Fehler. In einer gewaltigen Seeschlacht wurde er am 2. September 31 am Vorgebirge Actium in Westgriechenland von Octavian oder richtiger von dessen General M. Vipsanius Agrippa geschlagen. Er flüchtete nach Ägypten. Als Octavian dort im folgenden Jahre erschien, gab sich erst Antonius, dann auch Kleopatra den Tod. Ägypten wurde als römische Provinz eingezogen.

Zur Zeit der Schlacht von Actium war die gesetzliche Triumviratsgewalt bereits abgelaufen. Beide Potentaten regierten und kämpften ohne ‚republikanische' Legitimation, die insbesondere Antonius auch nur noch wenig bedeutete. Sie waren klassische Militärdiktatoren. Octavian, der aus einem italischen Nationalgedanken und aus der altrömischen Tradition neue Kräfte zu schöpfen suchte, hat den Mangel einer ordentlichen Amtsgewalt im Jahre 32, in dem er zum Krieg gegen Antonius und Kleopatra rüstete, durch einen Schwur der Bürger Italiens auf seine Person auszugleichen gesucht; doch war ein solcher Gefolgschaftseid nur ein anderer Ausdruck für eine monarchische Legitimation. Der Ausgleich mit der Vergangenheit, und das hieß insbesondere mit der Aristokratie, durfte sich hingegen gerade nicht auf den monarchischen Gedanken stützen, sondern verlangte umgekehrt die möglichst gute Einkleidung der monarchischen Struktur, auf welche die politischen Verhältnisse der vergangenen 30 Jahre allerdings zugelaufen waren. Octavian hat diesen Ausgleich dann im Jahre 27 vollzogen, indem er seine politische Macht in die Formen der alten *res publica* kleidete. Mit dieser neuen Staatsform, dem Prinzipat, beginnt die Geschichte der römischen Kaiserzeit. Augustus, wie Octavian seit 27 v. Chr. auf Beschluss des Senats genannt wurde, ist der erste Monarch der neuen Ordnung, aber er wie die Senatsaristokratie wollte in ihr nicht den Beginn einer neuen, sondern die Fortsetzung der alten Ordnung (*res publica restituta*) sehen.

www.ingramcontent.com/pod-product-compliance
Lightning Source LLC
Chambersburg PA
CBHW050910300426
44111CB00010B/1467